LES
COLLÈGES DE CAEN
AU XVIIIᵉ SIÈCLE

PAR

C. POUTHAS,

Proviseur honoraire du Lycée Malherbe.

CAEN
LOUIS JOUAN, ÉDITEUR
Libraire des Bibliothèques Publique et Universitaire
98, rue Saint-Pierre, 98

1911

LES
COLLÈGES DE CAEN
AU XVIIIᵉ SIÈCLE

PAR

C. POUTHAS,

Proviseur honoraire du Lycée Malherbe.

CAEN
LOUIS JOUAN, ÉDITEUR
Libraire des Bibliothèques Publique et Universitaire
98, rue Saint-Pierre, 98

1911

Extrait des Mémoires de l'Académie nationale des Sciences, Arts et Belles-Lettres de Caen (1910).

LES COLLÈGES DE CAEN

AU XVIIIe SIÈCLE

I. — Le Collège du Bois.

Ses origines. — Le Collège du Bois était situé dans la rue Saint-Sauveur, tout près des Grandes Écoles. L'abbé De La Rue en attribuait la fondation à un certain Nicolas du Bois, seigneur d'Épinay-sur-Odon, qui aurait vécu vers le milieu du XVe siècle (1), mais cette opinion n'a pas été généralement admise, les faits sur lesquels elle s'appuie ayant paru incertains ou peu probants. Avec plus de vraisemblance, M. de Bourmont place l'origine du Collège du Bois à la date de 1491, qui est celle de l'achat des maisons où il fut établi. Celles-ci, on le sait, furent acquises des deniers provenant de la succession de Pierre Cauchon, évêque de Lisieux, par son exécuteur testamentaire Jean de Gouvis, archidiacre de Bayeux. Seulement, le nom

---

(1) De La Rue : *Essais historiques sur la ville de Caen*.

du bourreau de Jeanne d'Arc ayant paru trop compromettant, le Collège reçut celui d'un maître vénéré de l'Université, Nicolas du Bois, doyen de la cathédrale de Rouen (1).

Cauchon, en mourant en 1442, avait, en effet, légué une somme de 1.000 livres (faisant 48 livres de rente) pour servir à l'entretien de deux bourses dans l'Université, mais son testament ayant été annulé, les immeubles déjà acquis par Jean de Gouvis avaient fait retour aux héritiers de l'ancien évêque. Ce ne fut qu'en 1491, après la mort de Gouvis lui-même, qu'ils furent rachetés et que le Collège y fut établi. Cette fondation, complétée par les soins d'un neveu de Jean de Gouvis, qui portait le même nom, devint définitive deux ans après, lorsque l'Université eut approuvé les statuts du nouveau Collège (1493).

La disposition la plus importante de ces statuts était celle qui fixait à sept le nombre des boursiers, savoir un principal et six écoliers, étudiants en la Faculté des Arts. Le principal, qui devait être au moins bachelier en théologie, était nommé par le seigneur de la Mare, héritier du fondateur, ou, à son défaut, par les doyens des cinq Facultés.

Les bâtiments du Collège du Bois au XVIIIe siècle. — Deux maisons sur la rue Saint-Sauveur, trois corps de logis au fond de la cour et un petit jardin, tels

---

(1) De Bourmont : *La fondation et la constitution de l'Université de Caen au XVIe siècle.*

étaient les immeubles, d'aspect fort modeste, où était établi le Collège du Bois. Les maisons de la rue Saint-Sauveur portent aujourd'hui les n°s 17 et 19. La façade en fut rebâtie au XVIIIe siècle par le principal Pierre de la Rue, qui profita de cette circonstance pour y ajouter un second étage. Une large porte, qui existe encore aujourd'hui, formait la principale entrée du Collège.

Ces maisons étaient exploitées par le principal, qui les affermait à son gré et en touchait les loyers, à charge d'en assurer les grosses et menues réparations. On y comptait d'ordinaire, tant pour les boutiques que pour les chambres ou celliers, une demi-douzaine de locataires, tous étrangers à l'Université. A l'époque de la Révolution, deux de ces locataires, les citoyens Denis et Baudry, s'en rendirent acquéreurs par adjudication en date des 3 et 4 messidor an IV. L'une fut payée 6.786 livres, l'autre 7.164 livres (1).

Dans la cour, où l'on accédait par la grande allée, se trouvaient, à gauche, la principale maison du Collège, à droite, deux corps de logis donnant sur la rue au Canu. Ces maisons étaient occupées au rez-de-chaussée, par les classes, aux étages, par les logements des professeurs. Le jardin était au fond de la cour.

Ces immeubles furent adjugés, le 12 nivôse an VIII, au citoyen Bonvoisin pour la somme de 712.000 livres (en mandats territoriaux). Après avoir été

---

(1) Arch. municipales. Collèges.

occupés par un hôtel de voyageurs, ils passèrent, vers la fin du XIXe siècle, aux mains des religieuses de la Miséricorde de Séez, qui remplacèrent deux des vieilles maisons par une construction d'aspect plus confortable en bordure de la rue au Canu (aujourd'hui rue Demolombe) et y établirent un pensionnat pour jeunes filles. Depuis la dispersion des congrégations enseignantes, ce qui reste de l'ancien Collège du Bois, en dehors des maisons de la rue Saint-Sauveur, est occupé par l'imprimerie H. Delesques.

Le Collège du Bois jusqu'au XVIIIe siècle. — Jacques Malouin, principal (1676-1716). — Le Collège du Bois, comme l'Université elle-même, eut au XVIe siècle une période de grande prospérité. Le vieil historien local, Bourgueville, sieur de Bras, donne à cet égard des renseignements qui ne manquent pas d'intérêt. Plus tard, l'établissement eut beaucoup à souffrir des troubles de religion et, la paix une fois rétablie, de la concurrence des Jésuites établis au Collège du Mont. Après avoir compté jusqu'à quatorze professeurs, il n'en avait plus que six lors de la publication de l'arrêt-règlement de 1699.

Parmi les savants qui l'illustrèrent au XVIe siècle, on cite surtout les noms de deux humanistes fameux, Jean Rouxel et Michel Després, dont l'éloge funèbre fut prononcé, au nom de l'Université, par le docteur Jacques de Cahaignes (1). Au siècle sui-

(1) V. Guiot : *Moreri des Normands*.

vant, le nom qui éclipse tous les autres fut celui du principal, Antoine Halley, dont il a été parlé comme professeur royal d'éloquence, et dont les élèves les plus célèbres furent l'historien Mézeray et le savant Huet, évêque d'Avranches.

Jacques Malouin, docteur en théologie, à la fois principal du Collège du Bois et curé de Saint-Étienne-le-Vieux, était suspect d'opinions jansénistes. A ce titre, mal vu des Jésuites et de leur protecteur François de Nesmond, évêque de Bayeux, il fut destitué de la dignité rectorale, comme l'ayant obtenue « par brigues, monopole et contre les formes prescrites » (1686); quatre ans plus tard, une seconde lettre de cachet prononçait son exclusion de toutes les assemblées de l'Université. Ce fut seulement après sa mort, en 1716, et sur les instances de sa famille que cette espèce de proscription disparut des registres de l'Université.

Maheult de Sainte-Croix (1716-1745). — Jacques Maheult de Sainte-Croix, quand il fut désigné comme principal par Nicolas de Grouchy, baron de la Mare-Gouvis, n'était pas gradué en théologie. Sur sa promesse de prendre ses degrés dans un délai raisonnable, il n'en fut pas moins appelé par mandement du recteur, en date d'avril 1716, à jouir des droits et prérogatives attachés à la principalité du Collège du Bois.

C'est une figure à part dans l'histoire de l'Université que celle de ce principal-gentilhomme, qui s'intitulait fièrement « noble homme, seigneur et patron de Sainte-Croix-sur-la-Mer ». Un mémoire apologétique publié, en 1740, en réponse à un prétendu libelle diffamatoire, nous fait connaître quelques-uns des griefs formulés contre lui, et qui sont ceux d'ignorance, de mauvaises mœurs et d'égoïsme.

La réponse, à vrai dire, ne s'applique qu'au premier de ces reproches : à l'en croire, Maheult se serait trouvé, dès les premiers jours, en butte à la haine de ses subordonnés. Ceux-ci, s'imaginant qu'un front hérissé, un air pesant et massif, des manières rudes et sauvages étaient essentiels à l'homme de collège, auraient formé des intrigues pour sa perte. Le principal, au contraire, se distinguant par ses mœurs graves mais faciles, son affabilité et le ton de bonne compagnie qui ne le rendaient que plus étranger parmi ce nouveau peuple, ainsi qu'Ovide parmi les Barbares, aurait été regardé par eux comme Barbare : « Votre Collège entier, écrit l'auteur du mémoire, se ligua contre vous. Les professeurs avaient demandé au recteur la visite du Collège, sous le fallacieux prétexte d'une régulière discipline. Cette enquête tourna à leur confusion, car le principal, interrogé en latin, répondit en cette langue à une multitude de questions, de sorte que le recteur se retira fort satisfait et que les professeurs eurent la triste honte de voir leur projet échoué ». Le panégyriste conteste d'ailleurs l'utilité d'un savoir étendu pour un principal : « Est-ce le latin ou le grec, dit-il, qui font le grand homme ? Ne voyons-nous pas qu'un grand homme en latin ou en grec n'est souvent qu'un sot en français ? »

A peine en fonctions, le nouveau principal affiche son dédain des convenances comme des traditions les plus respectées. Élu doyen de la Faculté des Arts, il part en voyage et prolonge son absence pendant toute la durée de l'année scolaire. A son retour, bien qu'il se soit dispensé d'offrir à ses collègues de la Faculté le banquet d'usage, il somme le recteur, en pleine assemblée générale, de donner celui qu'il doit à l'Université. A la suite de cette incartade, il est désavoué par sa propre Faculté et exclu de tous repas de corps jusqu'à ce qu'il se soit lui-même acquitté de son banquet de doyen (1).

Quelque temps après, étant entré dans la salle où se passaient les examens des maîtres ès arts, il émet la prétention d'en prendre la présidence, bien qu'il ne fasse pas même partie de la commission. Furieux de se la voir refuser, il trouble la séance par des protestations inconvenantes (*barbara et insolita voce*, dit le procès-verbal) et sort en déclarant nulles toutes les opérations de la commission. Une autre fois, en pleines vacances, il faisait passer lui-même l'examen à un prêtre de Bayeux. Le diplôme fut d'ailleurs annulé, le candidat n'étant pas dans les conditions exigées par les règlements.

Pour triompher des résistances de ses collègues

---

(1) Archives du Calvados. D. Université. Conclusions de la Faculté des Arts, 1719.

et de ses subordonnés, Maheult n'hésitait pas à recourir à l'autorité des gens du Roi. On le voit sommer, par exploit d'huissier, le doyen de la Faculté des Arts de convoquer une assemblée, et s'attirer ainsi un blâme officiel de la Faculté, dénoncer au Parlement de Rouen des votes de l'Université contraires à ses prétentions. Nous avons parlé ailleurs du scandale provoqué par lui lorsqu'il prétendit s'opposer, en pleine assemblée générale, à un enregistrement d'un arrêt de la Cour. Il s'était saisi du procès-verbal et se mettait en devoir d'y inscrire ses protestations lorsque le registre lui fut arraché des mains (1).

De concert avec son digne collègue Germain Michel, principal du Collège des Arts, Maheult de Sainte-Croix poussa un jour l'audace jusqu'à forcer les serrures des Archives pour s'emparer de certaines pièces appartenant à l'Université. La crainte d'une condamnation imminente de la part du Parlement suffit d'ailleurs pour rabattre l'orgueil des deux principaux. Ils supplièrent humblement l'Université de les traiter avec bonté, déclarant « se soumettre entièrement à la décision qu'il plairait à leurs collègues d'adopter et s'obligeant d'exécuter leur délibération dans toutes ses parties, comme un arrêt de la Cour souveraine » (2), et, comme ils avaient grossièrement insulté leur adversaire Godefroy,

(1) Archives du Calvados. D. Université. Conclusions du général, 1720.
(2) Ibid., 1743.

ancien professeur de rhétorique au Collège des Arts, ils reconnurent en pleine assemblée de l'Université que, par vivacité et imprudence, ils avaient employé contre lui les termes de faux accusateur et de calomniateur et qu'ils lui en faisaient leurs excuses, et que les dépens faits par le sieur Godefroy lui seraient rendus par lesdits sieurs Maheult et Michel.

Un ancien recteur, de Than, docteur en théologie, qualifiait publiquement Maheult de brouillon. Cette appréciation ne paraitra pas excessive si l'on considère les procédés administratifs du principal du Collège du Bois et sa conduite à l'égard des régents.

L'administration de Maheult de Sainte-Croix. — Maheult sembla toujours considérer la principalité comme une sorte de bénéfice, sans charge d'âmes, dont il touchait les revenus, exerçait avec rigueur les prérogatives, sans aucun souci de sa responsabilité, non plus que du jugement qu'on pouvait porter sur sa conduite.

En 1721, la Faculté constatait que depuis cinq ans, mais surtout depuis deux, le principal du Collège du Bois ne remplissait aucune des fonctions de sa charge. L'établissement souffrait, comme on peut croire, de ce manque de surveillance. L'année précédente, le procureur du Roi, de Gouville du Mesnil-Patry, au cours d'une visite officielle, avait constaté le mauvais état des locaux scolaires et, en général, des bâtiments du Collège. Dans toutes les classes, il y avait des vitres à remplacer, des cloisons et des plafonds à refaire. Les chambres occupées par des professeurs ou louées à des particuliers réclamaient d'urgentes réparations. L'allée du Collège était encombrée et malpropre : « Nous y avons remarqué, dit le procès-verbal, plusieurs matériaux de diverses espèces, et avons été frappés d'une odeur fort puante, causée par le peu de soin qu'on a de nettoyer ladite allée qui sert d'entrée au Collège ».

Deux ans plus tard, le compte-rendu de la visite du recteur nous renseigne sur l'état moral de l'établissement. A en croire le principal, les règlements y sont respectés et la discipline régulière; il réside au Collège pendant les classes et surveille l'entrée et la sortie des élèves. Mais le professeur de philosophie, qui est en même temps doyen de la Faculté des Arts, déclare, au contraire, qu'il n'y est tenu aucun compte des règlements ni des prescriptions du Parlement. Journellement, ses cours sont troublés par les cris des élèves des classes inférieures. Il n'y a point de portier : c'est le fils d'un domestique, élève de cinquième, qui sonne la cloche; personne n'est là pour répondre aux familles, non plus qu'aux professeurs et aux écoliers.

Les procédés disciplinaires de Maheult de Sainte-Croix se ressentaient de la brutalité et de la violence de son caractère : il souffletait un écolier pour avoir négligé de se découvrir en entrant en classe, et celui-ci faisant mine de protester, il redoublait la correction. On le voyait poursuivre des élèves à coups de fouet dans la cour.

Maheult et les professeurs du Collège du Bois. —
Les régents, à l'exception de quelques créatures du
principal, furent constamment en lutte avec lui.
Quelles que fussent la douceur de leur caractère et
leurs dispositions conciliantes, ils finissaient par se
révolter contre son insupportable tyrannie, car l'irascible principal ne tolérait pas la moindre manifestation d'indépendance.

Un professeur de rhétorique, René Louet, nommé
par lui (alors qu'il était déjà curé d'Hubert-Folie,
à deux lieues de Caen), occupait cette chaire depuis
douze ans, lorsque le principal, un beau jour,
s'avisa que la place d'un curé était au milieu de
son troupeau. Comme un édit récent défendait de
priver un professeur de sa place, sinon d'après un
ordre de la Cour, Maheult se vit forcé d'adresser,
selon son expression, à Sa Majesté, de très humbles
remontrances, mais Sa Majesté, sur l'avis de
l'intendant, refusa d'entrer dans ces discussions et
renvoya le sieur principal à se pourvoir comme il
aviserait bien. Aussitôt Maheult de demander au
Parlement l'autorisation d'assigner en la Cour le
sieur Louet pour voir juger qu'il irait faire sa résidence en son bénéfice-cure d'Hubert-Folie et que le
principal nommerait tel professeur qu'il jugerait à
propos.

Ce qu'il ne disait pas, c'est que sa requête, à trois
reprises, avait été rejetée par la Faculté des Arts,
bien qu'il l'eût fait présenter en dernier lieu par le
ministère d'un sergent. Elle ne reçut pas du Parlement un meilleur accueil, et si la rhétorique passa

à son protégé Turpin, c'est à la suite d'un de ces marchés dont il était coutumier, bien qu'ils fussent prohibés par les règlements (1).

L'affaire Énée fut autrement grave. Pour se défaire d'un professeur qui avait encouru sa disgrâce, Maheult organisa contre lui un véritable complot, où entrèrent, avec un professeur du Collège, des femmes d'une moralité au moins suspecte. A la suite d'une sorte de guet-apens, le malheureux Énée fut dénoncé à l'Université pour mauvaises mœurs et violation d'engagements, poursuivi devant le Bailliage criminel et l'Officialité. A grand'peine, il put faire reconnaître son innocence par le juge royal et prononcer par le Parlement l'annulation de la sentence du juge ecclésiastique : il n'obtint jamais de ses calomniateurs la juste réparation qu'il réclamait. Le procès, commencé en 1743, interrompu en 1745 par la mort de Maheult, n'était pas terminé à la mort d'Énée, en 1755.

Il serait impossible, et d'ailleurs sans intérêt, de suivre Maheult dans le détail de ses incessantes querelles avec les professeurs du Collège du Bois. Nous en rappellerons seulement ce qui peut servir à la connaissance des mœurs et des coutumes de l'Université.

La question du logement des régents dans

---

(1) Au cours des débats de l'affaire Énée, il fut établi que ce professeur avait dû verser une somme de 100 écus entre les mains de son prédécesseur. Encore n'eut-il que la quatrième au lieu de la troisième, qui lui avait été promise.

Archives du Calvados. L. Bailliage criminel. Affaire Énée.

les maisons du Collège était des plus épineuses. Maheult prétendait la résoudre au gré de son caprice, sans le moindre souci des traditions ou des intérêts des professeurs. C'est ainsi qu'en 1716, le professeur de philosophie Michel, au retour des vacances, trouva sa chambre occupée par le régent de cinquième, à qui Maheult l'avait attribuée, sous prétexte que Michel avait déclaré avant les vacances qu'il ne se contenterait plus à l'avenir d'un pareil logement. A l'appui de ses prétentions, le principal avait fait rendre pendant les vacances un jugement par défaut, et le professeur de philosophie n'avait plus qu'à accepter le logement qu'on voudrait lui donner. Justement indigné, il porta l'appel au Parlement, mais l'affaire traîna pendant plusieurs années et il était mort depuis longtemps déjà lorsqu'un arrêt vint reconnaître ses droits et ceux de son successeur sur la chambre de tout temps occupée par le professeur de philosophie (1).

Les régents répondaient de leur mieux aux vexations dont ils étaient l'objet ; tantôt ils s'abstenaient de percevoir, pour le compte du principal, le droit d'écolage ; tantôt ils refusaient de célébrer à sa place la messe quotidienne. Maheult, alors, en appelait à la Faculté, au procureur général, à l'évêque. Il obtenait de ce dernier un jugement arbitral qui lui était favorable, mais ce jugement, sur appel, était cassé par le Parlement.

(1) Archives du Calvados. D. Université. Conclusions de la Faculté des Arts, 1721.

Le principal semblait ne reconnaître aucun frein à son caprice. En 1736, le professeur de philosophie du Collège, de Than, ancien recteur, dénonçait à l'Université les agissements, vraiment incroyables, du principal. Ayant signé avec Maheult un bail devant notaire pour la location d'une chambre et d'un jardin, il avait constaté que le passage relatif au jardin avait été raturé après coup. N'ayant pu obtenir du sieur de Sainte-Croix qu'il revînt sur cette rature, il avait dû se faire délivrer par le notaire un certificat relativement à la manière dont elle avait été faite.

De la Rue nommé en survivance de la principalité. — Maheult de Sainte-Croix avait fatigué tout le monde par son humeur tracassière. En 1742, Pierre de la Rue, professeur de philosophie au Collège des Arts et ancien recteur, fut nommé, par le seigneur de la Mare-Gouvis, à la survivance de la principalité du Collège du Bois, « pour, lorsqu'il y aura ouverture, jouir de la place et des honneurs, fruits, profits, revenus et privilèges y attachés ».

Pierre de la Rue n'était pas des amis de Maheult : quelque temps auparavant, étant recteur, il avait été traité par le principal du Collège du Bois avec une hauteur insultante, et l'on peut douter de sa sincérité lorsqu'il déclarait « souhaiter à M. de Sainte-Croix une vie aussi longue qu'il la pouvait désirer lui-même ». L'Université, en présence de qui ces vœux étaient exprimés, s'abstint d'ailleurs de s'y associer. D'une voix unanime, par toutes les

Facultés et tous les délibérants, elle pria M. de la Rue de marquer à M. de Bonnebosq combien elle était sensible au choix qu'il avait fait (26 juin 1742).

Maheult de Sainte-Croix survécut trois ans à la désignation de son successeur. Lorsqu'il mourut, en septembre 1745, le recteur Buquet loua, en termes d'ailleurs assez vagues, la justice du défunt, sa charité envers les pauvres et la fermeté de son caractère (*propositi tenax*). L'éloge était la règle en pareille circonstance.

Pierre de la Rue (1745-1757). — Le nouveau principal n'avait rien dans le caractère qui rappelât la violence de son prédécesseur. Depuis vingt-cinq ans professeur de philosophie au Collège des Arts, il avait dû à l'estime dont il était entouré d'être élevé jusqu'à cinq fois à la dignité rectorale. Son administration fut aussi paisible que celle de Maheult de Sainte-Croix avait été agitée, et l'on peut dire qu'avec lui le Collège du Bois n'a pas d'histoire. Les trop rares documents qui appartiennent à cette heureuse époque se rapportent presque tous à un incident provoqué par le mauvais vouloir de Michel, principal du Collège des Arts, l'ancien ami de Maheult de Sainte-Croix.

Avant même que Pierre de la Rue eût pris possession de sa charge, le jour des funérailles de Maheult, le nouveau principal apprenait qu'il était remplacé dans sa chaire de philosophie du Collège des Arts. Justement blessé d'un tel procédé, il adressa une plainte à l'Université contre la décision du sieur Michel. Celui-ci n'était nullement en droit de disposer d'une chaire régulièrement occupée depuis longtemps et dont le titulaire n'avait pas donné sa démission. Rien ne prouvait qu'il acceptât définitivement la succession de Maheult, qui comportait des risques pécuniaires considérables, et d'ailleurs, l'exemple de Cally et d'autres prouvait que la principalité n'était pas « inalliable » avec l'enseignement de la philosophie. Michel serait-il donc déshonoré d'être le chef d'un autre principal ?

Le principal du Collège des Arts, peu soucieux d'affronter le jugement de ses collègues, s'abstint de paraître devant l'assemblée, et le secrétaire de la Faculté, délégué près de lui pour l'inviter à fournir ses explications, ne réussit pas à le joindre.

L'Université n'en décida pas moins « que la complainte de M. de la Rue serait transcrite sur le registre des conclusions, et que le sieur Michel serait invité à en prendre connaissance. Et, vu le provisoire et la nécessité d'avoir un professeur de philosophie pour la rentrée des classes, il fut arrêté que le sieur de la Rue continuerait à professer la philosophie… il ne convenait pas à l'Université de perdre un professeur de son mérite et de sa réputation ». Michel essaya en vain de résister. Ce ne fut qu'un an plus tard que le principal du Collège du Bois renonça, de son propre mouvement, à sa chaire du Collège des Arts.

Mac-Parlan (1757-1791). — La mort de Pierre de la Rue parut à l'Université une occasion favorable pour faire valoir ses droits sur la principalité du Collège du Bois. Vu le manque d'héritiers directs du fondateur, les doyens des cinq Facultés élurent comme principal Nicolas Épidorge, professeur de philosophie au Collège des Arts et ancien recteur. Mais l'héritier de la seigneurie de la Mare-Gouvis, Gabriel Lefort, ayant de son côté déclaré choisir pour principal Milésius Mac-Parlan, docteur et professeur en théologie, l'affaire fut portée devant le Parlement, qui déclara nulle l'élection du sieur Épidorge. L'Université refusa, en guise de protestation contre la qualité de patron du Collège prise par le sieur Lefort, de procéder à l'installation du principal désigné par lui (1757).

Milésius Mac-Parlan était originaire d'Irlande. Grand ami des Jésuites, il comptait peu de sympathies dans l'Université. Déjà, quelques années auparavant, il s'était vu contester, à cause de son origine étrangère, le droit de siéger dans l'assemblée générale. Il est vrai que le chancelier Lamoignon avait tranché le litige en sa faveur, pour cette raison que l'Université de Paris, à laquelle celle de Caen était agrégée, admettait les étrangers dans ses chaires, et avait même eu un recteur non pourvu de lettres de nationalité (1755).

Les relations du nouveau principal avec ses collègues se ressentirent toujours de ces dispositions peu favorables de part et d'autre. Comme il avait déclaré vouloir conserver sa chaire de théologie, la Faculté des Arts lui contesta le droit de prendre sa part du produit des examens des maîtres ès arts, et un arrêt du Parlement ratifia sa décision. Elle fut moins heureuse quand elle entreprit de faire régler par l'Université la délicate question des logements des professeurs. Le recteur Lecocq de Biéville, qui était entré dans ses vues, se vit refuser l'entrée même des bâtiments du Collège, en dehors des locaux scolaires, et la résistance du principal fut approuvée par un arrêt du Conseil supérieur de Bayeux (1).

Enhardi par le succès, Mac-Parlan prétendit s'opposer, en 1788, à la mise en dispute de la chaire de quatrième, qui se trouvait vacante. Le concours n'en fut pas moins ouvert conformément aux dispositions de l'édit-règlement de 1786, et, comme le principal se refusait à installer le professeur désigné par l'Université et nommé par le Roi, le doyen de la Faculté des Arts procéda lui-même à cette installation.

Mac-Parlan était encore en fonction au moment de la Révolution. Bien qu'il eût refusé le serment constitutionnel, on accorda à ce vieillard octogénaire la permission de mourir dans le Collège qu'il habitait depuis si longtemps.

Professeurs de philosophie. — Louis Jourdan, qui occupait la chaire de philosophie du Collège du

(1) Archives du Calvados. D. Université. Conclusions du général, 1773-1775.

Bois lors des querelles relatives à la bulle *Unigenitus*, était un de ces « appelants » que les Jésuites détestaient à l'égal des hérétiques, et ce fut principalement contre lui que fut dirigé, en 1720, le pamphlet du P. de Gennes intitulé : *Dénonciation à Mgr de Lorraine*, qui souleva dans l'Université une vive et naturelle émotion. Jourdan y était représenté comme un ignorant et misérable plagiaire, dictant un cours de philosophie et de théologie rédigé par quelques jansénistes qui en ont eu pitié, « un hérétique dépassant Luther lui-même, et plus voisin de l'athéisme que de la pure doctrine catholique ». Le libelle fut condamné par arrêt du Parlement; de Gennes n'en publia pas moins une nouvelle dénonciation où l'évêque était aussi maltraité que « les hérétiques qui formaient le corps de l'Université de Caen », et telle était l'influence dont jouissaient les Jésuites que le professeur de philosophie du Collège du Bois fut exilé pendant quelque temps du territoire de la ville de Caen.

De Than, qui lui succéda, élu recteur en 1732, fut le vrai fondateur de la bibliothèque. L'Université, pour reconnaître ses services, décida que son portrait y serait placé à côté de ceux de ses bienfaiteurs. Il n'en fut pas moins, comme nous l'avons vu, en butte aux tracasseries de Maheult de Sainte-Croix, qui, en 1744, sous prétexte que la cure de Cheux, dont le sieur de Than était titulaire, devait réclamer tous ses soins, le remplaça par une de ses créatures dans la chaire de philosophie. De Than, alors recteur pour la deuxième fois, aurait pu, sans doute, résister victorieusement à cette nouvelle attaque du principal. Soit lassitude, soit tout autre motif, il crut devoir renoncer à la lutte.

Michel Le Guay, le nouveau professeur, occupa la chaire de philosophie jusqu'en 1758. A cette époque, ayant été élu principal du Collège des Arts, il y renonça pour prendre la philosophie de ce dernier du Collège, beaucoup moins importante et moins lucrative : cet acte de désintéressement lui valut l'approbation unanime de l'Université.

Jean Adam, qui lui succéda, était, comme son protecteur, le principal Mac-Parlan, un ami zélé des Jésuites, dont il avait, disait-on, adopté les doctrines aussi bien en morale qu'en théologie. On lui reprochait dans l'Université d'avoir englobé dans une même réprobation le grand Arnault et les déistes, et fait l'éloge de la concupiscence, sous prétexte que « si elle porte à des homicides et à des empoisonnements, ce n'est pas en tant qu'ils sont défendus, mais en tant qu'ils procurent un bien sensible ». Il aurait aussi soutenu qu'un acte cesse d'être un péché du moment qu'on n'en connaît pas ou qu'on n'en veut pas connaître la malice.

Adam fut à maintes reprises en délicatesse avec ses collègues. Nous avons déjà parlé de sa querelle avec Gadbled, professeur de mathématiques. Les autres professeurs de philosophie l'accusaient de grossir à leur détriment l'effectif de sa classe, en y admettant, en dépit des règlements, des élèves n'ayant pas suivi un cours régulier de rhétorique;

et il semble résulter de certaines conclusions de la Faculté des Arts que si sa complaisance était grande à l'égard des écoliers, son attitude envers ses collègues manquait parfois de bienveillance et même de correction. Lors de l'expulsion des Jésuites, tandis que l'Université faisait des démarches en vue d'obtenir la concession du riche cabinet de physique du Collège du Mont, Adam, avec la complicité du lieutenant général du Moustier de Canchy, l'acheta à vil prix pour son usage personnel.

Adam avait ouvert, comme nous l'avons vu, un cours de philosophie à l'usage des gens du monde dans sa classe du Collège du Bois. Un prospectus que nous avons sous les yeux annonce, en outre, la publication d'un Traité d'hydraulique théorique et pratique : après avoir rappelé que, depuis huit ans, il ajoutait aux leçons ordinaires de physique des leçons d'hydraulique, il offrait au public un traité en français, beaucoup plus étendu, sur l'art de conduire, d'élever et de ménager les eaux pour les différents besoins de la vie (1776)(1). Nous ignorons d'ailleurs si cet ouvrage a jamais paru.

En 1792, l'abbé Adam, après avoir refusé le serment constitutionnel, vivait à Verson, à deux lieues de Caen, lorsque le bruit se répandit que cette commune était le foyer de menées contre-révolutionnaires. Une foule de patriotes s'y transportèrent un dimanche, et y commirent les plus grands désordres.

(1) Bibliothèque municipale. Brochures normandes. Ancienne Université, II.

Adam, après avoir subi toutes sortes d'insultes et de mauvais traitements, fut ramené à Caen ainsi que sa nièce, à qui les énergumènes avaient coupé les cheveux, enfermé au château et gardé prisonnier jusqu'au lendemain (1). Peu de temps après, il réussit à passer en Angleterre; il y mourut en 1795.

Professeurs de rhétorique. — Nous avons déjà cité les noms de Hallot, qui devint professeur royal d'éloquence, et de René Louet, qui fut forcé, par les agissements de Maheult de Sainte-Croix, de quitter la chaire de rhétorique pour se contenter du bénéfice-cure d'Hubert-Folie. Leurs successeurs furent choisis par l'impérieux principal parmi les jeunes gens dont il appréciait à la fois le mérite et la docilité. Turpin ne fit guère que passer dans la chaire de rhétorique du Collège du Bois. François Boisne dut aux circonstances qui accompagnèrent sa mort une plus grande notoriété. On sait qu'il mourut étant recteur, en 1753, et que la solennité de ses funérailles frappa vivement les imaginations. Boisne était d'ailleurs un bon professeur, pensant avec justesse et s'exprimant agréablement, comme dit un de ses biographes. La Bibliothèque de Caen conserve le cours de rhétorique « Eloquentiæ compendiosa tractatio » qu'il dictait à ses élèves en 1745. Ce qu'on y voit de plus remarquable, c'est la méthode de l'auteur, qui y procède par demandes et

---

(1) V. Bibliothèque municipale, Esnault: *Mémoires sur la ville de Caen*, et Hunger: *Histoire de Verson*.

réponses, comme dans le catéchisme ; les vérités ainsi énoncées se fixant plus fortement, à son avis, dans l'esprit des commençants.

La direction de sa classe ne constituait d'ailleurs qu'une partie, et la moins ardue, de la tâche d'un professeur de rhétorique. Plus délicate était la composition des harangues dont s'accompagnait alors toute cérémonie civile ou religieuse. Boisne eut ainsi à célébrer la victoire de Fontenoy, la paix d'Aix-la-Chapelle, la naissance du duc de Bourgogne, petit-fils de Louis XIV. Son habileté à peindre les hommes et les grandes choses aurait même décidé son élévation au rectorat (1). En qualité de chef de l'Université, il eut encore à prononcer l'éloge funèbre de M. de la Briffe, intendant, et à souhaiter la bienvenue à M. de Fontette, son successeur.

Jean Bouisset, qui fut professeur de rhétorique au Collège du Bois de 1759 à 1766, était destiné à une plus longue carrière. Nous le retrouvons, en effet, à l'École centrale du Calvados, au Lycée impérial et à la Faculté des Lettres.

Bouisset fut sans doute le plus brillant professeur de rhétorique qui ait passé au Collège du Bois. La délicatesse de son esprit, le charme de sa conversation lui valurent de grands succès dans la ville comme dans l'Université, mais son mérite l'appelait à un plus vaste théâtre. Devenu précepteur des

---

(1) Bernier : *Essai sur le Tiers-État rural en Normandie au XVIII⁰ siècle*.

enfants de l'intendant de Fontette, il passait à Paris une partie de l'année et se faisait apprécier dans le monde des philosophes, où il connut Helvétius et d'Holbach, et fut présenté à Voltaire; il fit même partie du conseil privé du comte de Provence, frère de Louis XVI. A cette époque, titulaire d'un canonicat dans la cathédrale de Bayeux et d'une pension sur une abbaye, il jouissait d'une belle aisance. Ruiné par la Révolution, il revint à son pays natal : il y était encore au moment de la constitution des Écoles centrales.

Thomas Bellenger, né à Caen en 1745, qui remplaça Bouisset, à l'âge de vingt et un ans, sans avoir peut-être autant d'éclat que son prédécesseur, jouit cependant d'une égale réputation. On vantait la sûreté de son goût et de sa méthode; il excellait dans l'art d'exciter l'émulation des élèves et, en outre, passait pour le premier prédicateur du diocèse. Chargé de prononcer l'éloge funèbre de Louis XV, il fit preuve dans cette tâche délicate de tact et d'équité, faisant impartialement la part du bien et du mal dans la vie du roi défunt. Il renonça à sa chaire en 1778, lorsqu'il eut été nommé principal du Collège du Mont. Réfugié en Angleterre après la destruction de l'Université, il devint, à son retour, vicaire général de Brault, évêque de Bayeux, et, à la fondation de la Faculté des Lettres, fut nommé à la chaire de littérature française, qu'il occupa jusqu'en 1824. Il mourut la même année, à l'âge de quatre-vingt-deux ans.

Gervais De La Rue, professeur d'histoire (1786-1791).
— En dehors des chaires de philosophie et de rhétorique, le Collège du Bois vit passer dans les classes inférieures plus d'un maître recommandable par son mérite professionnel ou ses talents littéraires, mais ceux d'entre eux qui jouirent d'une notoriété un peu étendue l'obtinrent surtout dans des chaires plus importantes où ils furent appelés par la suite. Il serait sans intérêt d'en donner la liste. Toutefois, une exception doit être faite en faveur d'un homme qui, plus qu'aucun autre, a contribué, par un travail prodigieux et une érudition immense, à élucider les points les plus obscurs de notre histoire locale, l'abbé De La Rue, professeur d'histoire au Collège du Bois à partir de 1786. Gervais De La Rue, né en 1751 à Caen, où son père était tisserand, avait dû à la protection de Mac-Parlan de faire ses études au Collège du Bois. Professeur de quatrième au Collège des Arts en 1783, doyen de la Faculté des Arts en 1786, il fut appelé, la même année, à la chaire d'histoire créée au Collège du Bois par l'édit-règlement de Louis XVI. — De nouveau élu doyen en 1790, il collabora, dit-on, à la rédaction de cette déclaration de l'Université sur le serment constitutionnel, qui eut pour conséquence la destruction de l'Université.

L'abbé De La Rue résida en Angleterre de 1792 à 1797. En quittant la France, il avait laissé à Caen de nombreux manuscrits, et, entre autres, plusieurs volumes d'une histoire civile et littéraire de la Normandie, à laquelle il travaillait depuis de longues années. Ces documents ayant été détruits pendant la Terreur, il s'attacha désormais à l'histoire littéraire du moyen âge et à celle de la ville de Caen. Tout le temps de son séjour en Angleterre fut consacré à des recherches dans les dépôts d'archives, et particulièrement dans ceux de la Tour de Londres. Il recueillit ainsi une masse énorme de documents relatifs à la littérature des trouvères, dans le même temps où Raynouard poursuivait ses études sur celle des troubadours, mais les deux érudits furent souvent en conflit. Chacun d'eux réclamait pour ses clients respectifs une influence prépondérante sur la formation de la langue, sinon sur le développement de la civilisation française. Ces travaux, auxquels s'ajouta le fruit de plusieurs années d'études poursuivies par De La Rue à la Bibliothèque nationale de Paris, constituent le fonds solide de cette *Histoire des bardes, jongleurs et trouvères normands et anglo-saxons*, en trois volumes, qui fut considérée par les savants de toute l'Europe comme un chef-d'œuvre d'érudition. L'ouvrage parut en 1834, une année seulement avant la mort de l'auteur et alors qu'il avait déjà plus de quatre-vingts ans.

En 1820, dans ses *Essais historiques sur la ville de Caen*, l'abbé De La Rue avait complété et rectifié les travaux des historiens locaux de Bras et Daniel Huet. On trouve dans cet ouvrage, comme au reste dans tout ce qu'il a écrit, en même temps qu'une science très étendue et une critique avisée, un goût un peu trop marqué pour la contradiction et un esprit de système qui lui fait admettre des conceptions parfois hasardeuses. Au reste, De La Rue était avant tout un érudit. L'art de la composition lui fit toujours défaut, dans ses livres comme dans son enseignement, et il se préoccupait plus d'entasser des matériaux que de les mettre en valeur dans une œuvre méthodiquement et solidement construite.

Après sa rentrée en France, le « citoyen Larue » avait demandé sans succès une place de professeur d'histoire à l'École centrale du Calvados. Compris au nombre des membres de l'Académie des sciences, arts et belles-lettres lorsqu'elle fut reconstituée, en 1801, par le préfet Dugua, il devint, en 1809, professeur d'histoire à la Faculté des Lettres. Il était doyen de cette Faculté depuis 1821 et membre libre de l'Académie des inscriptions et belles-lettres lorsqu'il mourut en 1835. Son portrait est un de ceux qui ornent la Bibliothèque de la ville (1).

II. — Collège des Arts.

Son origine. — Bâtiments dont il se composait au XVIIIe siècle. — Le Collège des Arts, situé dans la rue de la Chaîne, qu'on appelle aujourd'hui rue Pasteur, remonte, comme le Collège du Bois, à la seconde moitié du XVe siècle. Les maisons où il fut établi, acquises en 1460 et 1480 par la Faculté des

(1) V. Boisard: *Notices historiques du Calvados* ; Galeron: *Annuaire Normand*, 1837.

Arts, occupaient l'emplacement de l'hôtel actuel du rectorat. La façade en fut ornée, dit le vieil historien de Bras, « d'amples et magnifiques sculptures, arches et portes, au front desquelles étaient élevées en bosse de grandes images ou simulacres représentant les sept Arts libéraux, fort bien gravés et représentés ». Ces statues furent détruites en 1562 par les protestants, qui y voyaient, dit-on, des effigies de saints et des vestiges des anciennes superstitions.

Les bâtiments du Collège des Arts formaient quatre corps de logis, dont les deux plus importants étaient en bordure de la rue de la Chaîne, en face des Grandes Écoles. Un troisième, en retour, donnait sur une petite cour, et le dernier, parallèle à la rue, s'étendait entre la grande cour et le jardin. Ce dernier était contigu avec le presbytère de Saint-Sauveur et le jardin des Cordeliers.

La grande porte du Collège et une plus petite, placée à côté, étaient l'une et l'autre sous les porches; les classes occupaient le rez-de-chaussée des divers bâtiments. La plus vaste, celle de philosophie, qui ne mesurait pas moins de 26 toises carrées, servait aussi de chapelle ; quant aux chambres au-dessus des classes, elles constituaient les logements des professeurs. Au reste, les diverses maisons du Collège n'avaient qu'un étage, à l'exception du bâtiment des porches, qui en avait deux, sans compter « des chambres hautes en surcroît » et une petite pièce, dominant le tout, qu'on appelait « la Gloriette ». L'appartement du principal était dans la maison du fond et le jardin en dépendait.

A l'époque de la Révolution, le Collège des Arts fut classé parmi les biens nationaux, mais une seule des maisons dont il se composait fut aliénée : celle où se trouvait la classe de philosophie. Elle fut achetée en l'an IV, ainsi que la petite cour, par le citoyen Gimat, secrétaire en chef du département.

Peut-être cette opération n'était-elle pas des plus régulières. Elle souleva, du moins, les protestations des locataires des autres parties de l'ancien Collège, qui en demandèrent l'annulation. L'immeuble, suivant eux, aurait été inaliénable aux termes de la loi du 25 messidor an IV, et Gimat aurait abusé de sa situation officielle pour se rendre maître des rapports et de toutes les opérations de l'adjudication, « dont la minute aurait été, sinon remplie de sa propre main, au moins écrite sous sa dictée, dans son secrétariat ». De plus, le prix fixé, fort au-dessous de la valeur réelle de la maison, aurait été payé en mandats territoriaux, de sorte qu'une propriété rapportant 5 à 600 livres de revenu n'aurait coûté qu'environ 1.500 livres d'argent.

Ces réclamations demeurèrent sans effet, mais le citoyen Gimat ne put tout d'abord prendre possession de certaines parties de l'immeuble. Par une sorte d'ironie du sort, l'ancienne classe de philosophie servait, depuis le début de la Révolution, de dépôt des bois de justice. Par requête en date du 2 fructidor an V, le citoyen Gimat demandait à la municipalité de fournir au citoyen Jouenne, exécuteur des jugements criminels, un autre local pour y loger « ses ustensiles » (1).

Les autres bâtiments du Collège des Arts, menacés du même sort, furent sauvés par l'énergique opposition des professeurs de l'École centrale. Ceux-ci, dans une requête adressée au ministre, lui avaient représenté que le ci-devant Collège des Arts, loin d'être inutile à l'enseignement public, abritait encore les cours de langues anciennes et de mathématiques.

Un peu plus tard, en exécution de la loi du 6 vendémiaire an V, la propriété du Collège des Arts était transférée à l'administration des hospices de Caen et celle-ci y plaçait divers locataires. Le dernier fut un sieur Omer Foucault, qui y tint, jusqu'en 1809, un établissement d'enseignement secondaire.

Cependant, la place manquait pour loger les Facultés de l'Université impériale, car une partie des Grandes Écoles restait occupée par les services du Tribunal civil. Sur la demande de la Faculté des Sciences et après avis conforme du Conseil académique, le ministre ordonna, par arrêté du 1ᵉʳ février 1815, que l'ancien Collège des Arts serait racheté par la Ville à l'administration des hospices et mis en état de recevoir la Faculté des Sciences. Quelques mois plus tard, l'Académie entrait en possession des bâtiments qui lui avaient été attribués.

La Ville, toutefois, ne mettait aucune hâte à effec-

(1) Archives municipales. F. 10. Collège des Arts.

tuer .es réparations reconnues nécessaires: le maire, Leforestier de Vandeuvre, prétendait même retirer à la Faculté des Sciences la jouissance du Collège des Arts, sous prétexte que les Grandes Écoles allaient être incessamment évacuées par le Tribunal civil. En attendant il enlevait à l'Académie le jardin du Collège, ce qui lui permit de mener à bien une négociation à laquelle il attachait une grande importance.

La Ville désirait en effet transformer en rue le passage des Cordeliers, voie tortueuse, malpropre et peu sûre, « véritable guet-apens », afin d'établir une communication régulière entre la rue aux Namps et la promenade des Fossés-Saint-Julien. Or, la rectification de l'alignement entraînait la suppression d'une maison située à l'angle du passage, et les fonds manquaient pour en faire l'achat. Le maire s'entendit avec le propriétaire intéressé pour l'échange de cette maison contre le jardin du Collège des Arts, et, par acte en date du 19 janvier 1819, le marché fut conclu. La Ville, pour obtenir de l'administration des hospices la propriété du Collège des Arts, s'engageait à leur verser annuellement une rente de 1.000 livres (1).

Une vingtaine d'années plus tard, les vieux bâti-

(1) Au nombre des membres de la Commission des Hospices dont les signatures se trouvent au bas du contrat, on remarque celles de Louis-François de Maupassant, directeur des Contributions directes, et de l'abbé Jamet, chapelain du Bon-Sauveur, plus tard recteur de l'Académie. (Archives du Calvados. Université.)

ments du Collège des Arts, en dépit des réparations exécutées en 1820, menaçaient ruine. Les collections d'histoire naturelle surtout avaient à souffrir de l'humidité, et, de l'avis général, une réfection complète des locaux de la Faculté des Sciences ne pouvait être différée plus longtemps, mais l'argent manquait. En 1840, enfin, après de longues négociations, l'abbé Daniel, recteur, obtint de l'État et de la Ville les subsides nécessaires, et les travaux, commencés en 1841, étaient terminés dès l'année suivante. Le nouvel hôtel de l'Université comprit dès lors, avec le logement du recteur et les bureaux de l'Académie, les salles de cours et les collections de la Faculté des Sciences (1). On sait que, depuis 1888, cette dernière Faculté ayant émigré dans les locaux plus vastes et mieux aménagés du Palais de l'Université, où elle s'est définitivement installée, l'hôtel de l'Académie n'est plus occupé que par l'appartement du recteur et par les services de l'Académie.

Principaux du Collège des Arts. — La Faculté des Arts, en qualité de propriétaire et patronne du Collège, en nommait les principaux, et, d'ordinaire, les prenait dans son sein. Toutefois comme leurs collègues des autres Collèges, ceux-ci, une fois en fonctions, avaient l'entière disposition des

---

(1) V. de Saint-Germain : *Recherches sur l'histoire de la Faculté des Sciences de Caen*.

bâtiments, à la seule condition d'en assurer l'entretien et d'y loger les professeurs.

Le plus illustre des principaux du Collège des Arts fut Pierre Cally. Son administration, qui dura de 1676 à 1709, fut signalée par la réfection d'une partie des anciens bâtiments, effectuée à ses frais. Lorsqu'il mourut, le choix de la Faculté se porta sur un docteur en théologie, Le Chanoine, qui toutefois ne resta pas longtemps d'accord avec ses électeurs. Le principal avait, en effet, résolu de rétablir la chaire de seconde, supprimée au cours du XVIIᵉ siècle, et son projet avait reçu l'approbation du procureur général et celle du chancelier La Vrillière. Mais les professeurs du Collège du Bois s'indignaient à la pensée de voir un nouveau régent prendre sa part des distributions de la Faculté. A les entendre, le Collège des Arts constituait une sorte d'annexe du Collège du Bois, et il n'était nullement nécessaire que les études y fussent complètement organisées. Comme ils formaient la majorité de la Faculté des Arts, leur thèse avait jusque-là triomphé. Aussi, Le Chanoine ayant désigné le sieur Épidorge comme professeur de seconde, pour entrer en fonctions dès la rentrée des classes, le doyen de la Faculté des Arts, un obscur régent nommé Dujardin, lui fit signifier aussitôt son opposition. Le principal continua de faire préparer un local pour la nouvelle classe, le recteur et l'Université se bornèrent à donner acte de cette protestation ridicule (1713). Toute cette agitation tomba d'ailleurs lorsque la nomination d'Épidorge eut été sanctionnée par un arrêt du Parlement. Quelques obstinés auraient voulu plaider : ils furent abandonnés par leurs collègues.

A la mort de Le Chanoine, le professeur de philosophie Aubert fut élu principal. C'était un homme d'un caractère conciliant et qui vécut dans les meilleurs termes avec ses collègues. Ceux-ci, en effet, aux termes du procès-verbal d'une visite du recteur, en 1722, déclaraient se louer du zèle et de la complaisance du sieur principal, qui, en cas d'absence, les remplaçait lui-même, et lui rendaient ce témoignage qu'il était « lettré et dévoué aux lettres ».

La mort d'Aubert fut l'occasion d'une scission entre les membres de la Faculté des Arts, provoquée à la fois par les intrigues du trop fameux Maheult de Sainte-Croix et les manœuvres des défenseurs de la bulle *Unigenitus*. En dépit des efforts du doyen Hastey, qui se refusait à ouvrir le scrutin, Hallot, professeur royal d'éloquence et régent de rhétorique au Collège du Bois, fut élu principal du Collège des Arts.

Les adversaires de Hallot ne se résignaient pas à leur défaite. Au bout de deux ans, grâce à l'appui des Jésuites, ils finirent par obtenir contre lui une lettre de cachet. A la date du 17 mai 1726, le Roi, voulant, par bonnes considérations, que le sieur Hallot, principal et proviseur du Collège des Arts en la ville de Caen, fût incessamment destitué, faisait savoir « à ses chers et bien amez les professeurs de la Faculté des Arts qu'ils eussent à procéder incessamment à une nouvelle élection ».

La Faculté ne pouvait qu'obéir. Elle nomma principal son doyen, Germain Michel, professeur de quatrième au Collège du Bois. Maheult de Sainte-Croix avait vainement proposé d'adresser à Sa Majesté de très humbles remontrances sur la perte qu'elle faisait en la personne de M. Hallot (1).

Le choix de la Faculté n'était pas heureux. Michel fut un administrateur autoritaire et négligent tout à la fois, plus jaloux de ses prérogatives que soucieux de sa responsabilité. Nous avons déjà fait allusion à sa querelle avec Godefroy, professeur de rhétorique et alors recteur. Après avoir approuvé, au moins par son silence, les répétitions du *Légataire Universel* de Regnard, il signifia, la veille même de la distribution des prix, l'interdiction de représenter cette pièce, alléguant un avis de la Faculté de Théologie et un arrêt de la Cour qu'il avait cru devoir solliciter à l'insu de tout le monde. Godefroy, justement indigné, en appela au Parlement, lequel, comme l'Université elle-même, blâma les agissements du principal (1740).

Michel disputait alors à ce même Godefroy la possession d'un canonicat vacant dans la cathédrale de Bayeux. On sait que, pour se procurer des documents qu'il estimait favorables à sa cause, il ne craignit pas de forcer, de concert avec le prin-

---

(1) Archives du Calvados. D. Université. Conclusions de la Faculté des Arts, 1724.

cipal du Collège du Bois, les serrures des archives. Débouté de ses prétentions devant toutes les juridictions et condamné à l'amende, il n'échappa que par une humiliante soumission au châtiment qu'il avait mérité.

La question, toujours délicate, du logement des professeurs devait être une source permanente de conflits entre les régents et un principal de l'humeur de Germain Michel. Celui-ci, au lieu de laisser à ses subordonnés la jouissance des chambres du Collège, les donnait à loyer à des particuliers, afin, prétendait-il, de parer aux dépenses d'entretien et grosses réparations des immeubles. D'ailleurs, il estimait qu'un célibataire devait se contenter d'une seule chambre. Mais si on reconnaissait aux professeurs le droit de prendre chez eux leur nourriture, ne leur devait-on pas une cuisine et une cave? En 1745, Duchemin, professeur de troisième, porta la question devant la Faculté des Arts. Michel, convoqué devant l'assemblée générale pour faire entendre ses explications, s'abstint de s'y rendre, mais les dispositions de l'arrêt-règlement de 1699 relatives au logement des professeurs ne laissaient place à aucune équivoque. Le principal fut forcé de céder. Par un accord en date du 24 février 1746, il fut arrêté que les logements du Collège des Arts seraient répartis en six lots et que chacun des lots serait mis à la disposition d'un professeur. Le principal, en outre des appartements et du jardin, dont il conservait la jouissance, recevrait des professeurs occupant les divers logements une somme globale de 100 livres par an, destinée à couvrir les frais d'entretien des maisons du Collège (1).

Michel mourut en 1747. Il eut pour successeur Pierre Buquet, docteur en théologie et curé de Saint-Sauveur. Mais cette élection n'alla pas sans difficulté. Le doyen Godard, soit hostilité à l'égard du candidat, soit toute autre cause, avait refusé de procéder à l'ouverture du scrutin et protesté contre l'élection, faite en son absence. Il finit toutefois, sur les instances de ses collègues, par revenir sur son opposition.

Pierre Buquet joignait à ses autres titres celui de bibliothécaire de l'Université. C'est à son nom qu'avait été inscrite la pension accordée par le cardinal Fleury à la Bibliothèque; en souvenir des services rendus par lui, son portrait fut placé dans la Bibliothèque de l'Université, d'où il a passé dans celle de la Ville.

A la mort de Pierre Buquet, en 1758, ce fut le professeur de philosophie du Collège du Bois, Le Guay, alors recteur, qui recueillit les suffrages unanimes de la Faculté. Le Guay répondit au témoignage d'estime qu'il venait de recevoir en renonçant à la chaire de philosophie du Collège du Bois pour celle du Collège des Arts, dont l'honoraire était moins élevé. Il ne fit d'ailleurs que passer à la principalité : il mourut l'année suivante et fut remplacé par Alexandre Hardouin.

Hardouin était depuis 1744 professeur d'huma-

(1) Archives du Calvados. D. Université. Collège des Arts.

nités au Collège des Arts : il en devait être le dernier principal. Lorsque, en 1786, le Collège fut transformé en annexe des Grandes Écoles sous le nom de Collège royal de Normandie, Hardouin y resta avec le titre de sénieur et un traitement de 1.500 livres, à charge toutefois d'en entretenir les bâtiments. C'était une belle retraite, mais la Révolution ne lui permit pas d'en jouir paisiblement pendant longtemps. Après la destruction de l'Université, il sollicita du Directoire départemental la faveur de conserver son logement et même son traitement par application des décrets de la Constituante relatifs aux pensions de retraite (1). Il semble que cette requête ait été, en partie au moins, exaucée, car la vente des meubles appartenant à « l'ex-citoyen *(sic)* Hardouin, cy-devant principal du Collège des Arts et y repostés », fut fixée par les administrateurs du district au 8 messidor an II. C'est sans doute l'époque de la mort du dernier principal du Collège des Arts (2).

Professeurs du Collège des Arts. — Quelques-uns des professeurs du Collège des Arts ont déjà été cités : tels sont Aubert, professeur de philosophie et principal; Pierre de la Rue, qui devint principal du Collège du Bois; Le Verrier et Louvel, qui occupèrent la chaire royale de grec. Les autres n'ont guère laissé de traces de leur passage dans l'Université. Nous rappellerons toutefois le nom de Louis

(1) Archives du Calvados. Q⁶. Biens nationaux. Université.
(2) Délibération du Directoire du district de Caen.

Duchemin, professeur de philosophie, qui, après avoir été recteur de l'ancienne Université, devait mourir doyen de la Faculté des Sciences dans l'Université nouvelle.

Duchemin, de concert avec son collègue Adam, avait essayé, comme nous l'avons dit, de substituer à l'ancienne méthode des cours dictés celle de l'enseignement purement oral, qui fut repoussée par la Faculté des Arts et par le Parlement. La réforme de 1786 le fit passer dans une chaire de philosophie du Collège du Bois, qu'il conserva jusqu'à la destruction de l'Université. Après la création du Lycée, il y professa les mathématiques transcendantes; il fut aussi professeur de mathématiques et doyen de la Faculté des Sciences. Bien qu'il eût été forcé par l'âge et les infirmités de prendre un suppléant dès 1817, ce ne fut qu'une dizaine d'années plus tard que l'état des finances permit de lui accorder une pension de retraite. Il mourut presque octogénaire en 1829.

Tyrard-Deslongchamps, qui, de la rhétorique du Collège des Arts, passa, en 1786, à celle du Collège du Mont, fut un des derniers recteurs de l'ancienne Université, et l'on peut voir son portrait, revêtu des insignes de sa dignité, dans le cabinet du recteur de l'Académie (1). Après la Révolution, Tyrard-

---

(1) Voici, à titre de curiosité, en quels termes un de ses écoliers de rhétorique, Caille-Desmares, qui, plus tard, devait jouer un rôle important dans l'histoire de la Révolution à Caen, le félicitait de son élévation au rectorat :

D'un troupeau sensible et fidèle,
Chargé de te porter les vœux,

Deslongchamps professa la philosophie au Lycée et à la Faculté des Lettres. En 1814, trop affaibli par l'âge pour continuer à occuper cette double chaire, il fut, sur sa demande, déchargé de son enseignement au Lycée, tout en conservant son traitement à la Faculté. Il mourut en 1821.

III. — Collège du Mont.

Le berceau du Collège du Mont fut l'hôtel ou manoir, bâti, vers 1440, par Robert Jolivet, abbé du Mont-Saint-Michel. Ce personnage, grand ami des Anglais comme Pierre Cauchon, et l'un des fondateurs de l'Université, donnait asile à des professeurs et écoliers, mais, contrairement aux assertions de Huet, évêque d'Avranches, ce ne fut point, à proprement parler, un Collège qui fut établi dans son manoir. Il résulte en effet des recherches de l'abbé De La Rue que l'établissement n'eut jamais ni

> Il faut, pour exprimer mon zèle,
> Parler le langage des Dieux !
> Que je m'en veux de ma faiblesse, etc.
>
> . . . .
>
> Tirard, si mon peu d'éloquence
> Égalait ma reconnaissance,
> Pour célébrer un si beau jour,
> Pour immortaliser ta gloire,
> J'irais au temple de Mémoire
> Graver ton nom et mon amour.

(Bibliothèque municipale. Brochures normandes. Ancienne Université. VI).

bourses ni fondations. En outre, le principal, au lieu d'être désigné par les héritiers du fondateur, comme il était de règle dans les Collèges, était élu par les professeurs associés. Cette « Maison collégiale du Mont » ou « Pédagogie de Maître Henri Le Prévost », nom qu'elle porte dans les actes universitaires, subsista, avec des fortunes diverses, jusque vers la fin du XVIe siècle. En 1579, c'est-à-dire au cours des guerres de religion, le principal, Maître Bernard, étant mort de la peste, l'établissement fut fermé et l'immeuble lui-même vendu par les religieux du Mont-Saint-Michel. Douze ans plus tard, après avoir passé en diverses mains, il était acheté par la Ville pour le compte de l'Université et devenait le siège d'un Collège, bientôt prospère sous la direction d'un principal qui était un humaniste connu, Maître Claude Colin. Les fonds d'acquisition provenaient, pour la majeure partie, du produit d'une taxe de 6 deniers par minot de sel vendu dans la province, accordée, en 1576, par Henri III, et pour le reste, d'une retenue faite sur les gages des membres de l'Université (1591).

Le Collège universitaire du Mont ne devait avoir qu'une existence éphémère. Dès 1603, le P. Cotton, confesseur de Henri IV, qui accompagnait le roi dans son voyage en Normandie, avait formé le projet de fonder à Caen un établissement de la Compagnie de Jésus. La ville comptait alors, dit-on, un tiers d'habitants de la religion réformée et, bien que les fidèles des deux communions y vécussent en parfait accord, il ne manquait pas de gens pour désirer la venue des Jésuites comme une garantie efficace contre les progrès ultérieurs de l'hérésie et un gage assuré du triomphe de la foi. Au cours des années qui suivirent, de brillants prédicateurs, le P. Cotton lui-même, vinrent prêcher des missions. Le marquis de Bellefonds, gouverneur du Château, le maréchal de Fervacques, commandant militaire, des docteurs de l'Université, de riches bourgeois furent gagnés aux intérêts de la Compagnie. Avant même le départ de Cotton, un docteur, Pasquier-Savary, allait porter à la Cour les vœux prétendus de la Ville et de l'Université. Cette démarche, il est vrai, n'obtint pas un succès immédiat. Pasquier-Savary fut désavoué : l'opinion générale restait indifférente ou hostile, mais les amis des Jésuites redoublaient d'efforts et le Roi ne demandait qu'à se laisser convaincre. Par lettres patentes en date de septembre 1607, Henri IV autorisa l'établissement des Jésuites à Caen (cette ville n'était pas au nombre de celles où il leur était jusque-là permis de résider), et, au cours du même mois, approuva la donation du prieuré de Sainte-Barbe-en-Auge faite au Collège des Jésuites par un ancien Ligueur, Robert de la Ménardière, quoique, selon la remarque de l'abbé De La Rue, les Jésuites n'eussent encore dans la ville ni Collège, ni même habitation. En outre, la municipalité était invitée à mettre la Compagnie en possession d'un Collège.

L'affaire ne se fit pas sans résistance : une assemblée de notables, saisie de la question, s'était prononcée, à une immense majorité, contre l'admission des Jésuites et avait chargé une délégation de faire connaître au Roi les vrais sentiments de la ville. Henri IV ne voulut rien entendre : il signifia aux députés de Caen sa volonté de procurer aux Pères Jésuites un établissement dans leur ville et, quelques jours plus tard, les bailli, maire et échevins recevaient l'ordre de mettre à la disposition de la Compagnie de Jésus le Collège royal du Mont, « qui est de notre fondation », disaient les lettres patentes (6 octobre 1608). L'Université elle-même ne put refuser au nouveau Collège le bénéfice de l'agrégation, moyennant l'engagement pris par les Jésuites de porter hommage et obéissance au recteur, de se conformer aux règlements de l'Université, de ne rien faire qui pût porter préjudice et tendre au détriment tant de l'Université que de chaque Faculté en particulier. C'était, on peut le croire, sans enthousiasme que l'Université accueillait dans son sein une Société en qui elle devinait une rivale redoutable. Sur 28 membres qui avaient pris part à la délibération, 10 seulement en signèrent le procès-verbal (25 octobre 1608).

Le maréchal de Fervacques avait ordre de mettre les lettres patentes à exécution, sans attendre l'enregistrement du Parlement. Dès le mois de mars 1609, en dépit des protestations du principal et de l'Université, deux Jésuites s'établissaient au Collège du Mont. En vain, Claude Colin essayait de résister. Au mois d'août, il dut se résigner à quitter le Collège, qui rouvrit ses portes quelques semaines plus tard sous les auspices de la Compagnie de Jésus et la protection des archers de M. de Fervacques (1).

L'Université s'estimait, non sans raison, victime d'une spoliation. Plus d'un siècle et demi après, dans un mémoire présenté au Parlement, elle déclarait que la Société s'était introduite à Caen, comme partout ailleurs, par la finesse, la ruse et autres voies illicites, qui portent avec elles leur condamnation et leur prescription (2).

Les bâtiments du Collège du Mont. — Le Collège du Mont, au moment où les Jésuites en prirent possession, ne comprenait encore que le manoir de Robert Jolivet : trois corps de logis s'étendant entre la rue Saint-Étienne et la rue Pailleuse, près des remparts et de la porte des Prés. L'un de ces bâtiments subsiste : il est en bordure sur la rue de

---

(1) Voir pour cette histoire de l'établissement des Jésuites au Collège du Mont : Abbé De La Rue : *Essais historiques sur la ville de Caen*; Père Hamy, de la Compagnie de Jésus : *Les Jésuites à Caen*; Abbé Masselin : *Le Collège des Jésuites de Caen*; Puiseux : *Les Jésuites à Caen*.

(2) Les Jésuites, pour colorer leur usurpation, affectèrent toujours de considérer le Collège du Mont comme de fondation royale. Plus tard, ils produisaient la copie d'un arrêt du Parlement, en date de 1592, portant que le Collège, ayant été payé des deniers du Roi, serait intitulé Collège Royal. Mais l'original de cet arrêt n'ayant été retrouvé ni dans les registres de la Cour, ni dans les Archives de l'Université, l'abbé De La Rue n'hésite pas à y voir une pièce fabriquée pour les besoins de la cause. On sait que le Parlement, par son arrêt de 1762, reconnut formellement les droits de l'Université.

Caumont (ancienne rue Saint-Étienne) et conserve une porte ornée de jolies sculptures et des fenêtres du XVe siècle. Après avoir servi de chapelle, il fut transformé en sacristie lorsqu'une chapelle plus vaste eut été construite. C'est aujourd'hui le bureau du Service départemental des enfants assistés.

Entre les mains des Pères, le manoir du Mont était bien vite devenu trop étroit. Grâce aux libéralités d'un ancien Ligueur, Robert de la Ménardière, qui déjà leur avait fait don du prieuré de Sainte-Barbe-en-Auge, et à celles de sa sœur, Mme de Bellœuvre, des terrains furent achetés aux abords du Collège, de nouveaux et vastes bâtiments furent construits. Sur la rue Saint-Étienne s'éleva la chapelle, plus tard transformée en salle des actes, après la construction de l'église de la Gloriette ; deux autres corps de logis, dont l'un était parallèle, l'autre perpendiculaire à la chapelle, furent occupés au rez-de-chaussée par les classes, à l'étage par les logements des Pères. Ces bâtiments entouraient de trois côtés la grande cour des classes, fermée, du quatrième côté, par un mur qui la séparait de la rue Pailleuse. Celle-ci n'était plus qu'une impasse depuis que la Société en avait réuni l'extrémité aux terrains du Collège.

Le Collège du Mont ne cessa, en effet, de s'agrandir au cours du XVIIe siècle. Après avoir obtenu de Louis XIII, en 1619, la propriété des terrains compris entre les anciens murs et le cours de l'Odon, les Jésuites achetaient, en 1667, à la Ville et aux particuliers qui en étaient devenus propriétaires, cette partie du pré des États où s'éleva, de 1684 à 1689, leur nouvelle église de la Gloriette; en 1686, ils se faisaient encore céder par le Roi le bastion du Fort, derrière le Collège, et, en 1696, les terrains s'étendant jusqu'à la porte Neuve, c'est-à-dire jusque vers l'emplacement de l'Hôtel actuel de la Préfecture. Ces dernières concessions étaient l'œuvre d'amis aussi zélés qu'influents à Versailles: Daniel Huet, évêque d'Avranches, et l'intendant Nicolas Foucault (1).

Après l'expulsion des Jésuites, le Collège du Mont fit retour à l'Université. Sous la Révolution, ses bâtiments, après avoir abrité le Collège constitutionnel, puis le pensionnat de l'École centrale du Calvados, furent occupés par les services de la Préfecture. Aujourd'hui encore, divers services publics y sont établis: Inspection académique, Contrôle des poids et mesures, etc. Le secrétaire général du département y a son logement, et la Société des Antiquaires de Normandie son musée d'archéologie. Le jardin et le parc, dont une partie a été aliénée lors de la construction du boulevard Bertrand, sont devenus des dépendances de la Préfecture. La chapelle est aujourd'hui l'église paroissiale de Notre-Dame.

Prospérité du Collège du Mont sous les Jésuites. — Il n'entre pas dans notre plan de suivre les desti-

(1) P. de la Ducquerie, cité par le Père Hamy : *Les Jésuites à Caen.*

nées du Collège du Mont entre les mains de la Compagnie de Jésus. Nous en dirons seulement ce qui semble nécessaire pour expliquer la prospérité croissante de l'établissement et caractériser les rapports qu'il entretint avec l'Université et plus spécialement avec la Faculté des Arts.

La prédication et la direction des œuvres pies, tout autant que l'éducation de la jeunesse, étaient de puissants moyens d'action pour la Compagnie de Jésus. Son crédit à la Cour et auprès des grands, l'art des Pères à se concilier et à garder l'affectueuse confiance de leurs élèves et leur empressement à mettre leur crédit au service de leurs amis en étaient d'autres. En quelque endroit que la Société s'établit, elle y devenait bien vite une puissance, à laquelle pouvaient seuls résister des hommes de volonté ferme et de fortune indépendante.

On sait l'adresse avec laquelle les Jésuites savaient intéresser à leurs œuvres une clientèle généreuse. Ceux de Caen, avant même d'avoir dans la ville un établissement régulier, avaient déjà acquis le prieuré de Sainte-Barbe-en-Auge ; à peine entre leurs mains, le Collège du Mont s'enrichissait de deux bourses fondées par le sieur du Bois, lieutenant général à Saint-Lo, en faveur de deux jeunes gens de cette ville; Le Maistre de Savigny, chanoine d'Avranches, lui léguait sa riche bibliothèque et Morant, baron du Mesnil-Garnier, fondait une rente destinée à subvenir aux frais de la distribution des prix. Enfin, Bouthillier, évêque d'Aire, se démettait en faveur des Pères du prieuré de

4

Notre-Dame-de-la-Cochère, au diocèse de Séez. En 1664, une chaire de théologie morale était fondée au Collège du Mont par l'abbé de Saint-Martin, cet original qui amusa ses contemporains par le ridicule étalage de sa vanité, et, en 1704, par les soins de l'intendant Foucault, la chaire royale de mathématiques y était transférée, en dépit des réclamations de la Faculté des Arts. La Société avait pris cependant, en 1608, l'engagement solennel de ne jamais porter aucune atteinte aux droits et privilèges de l'Université.

Suivant la remarque du Père Hamy (2), les revenus de fondation des Collèges étant inaliénables, les dépenses de construction et d'entretien des bâtiments ne pouvaient être couvertes qu'au moyen des aumônes et autres produits casuels. C'était là, pour le Collège du Mont, une source d'abondants revenus, mais dont il est impossible, vu le manque de documents détaillés, d'évaluer, même approximativement, le montant annuel. Les registres de comptabilité générale semblent avoir péri, et, dans les comptes partiels qui nous sont parvenus, rien ne permet de distinguer le résultat des opérations sur le capital, telles que les placements et les remboursements du produit des aumônes et autres recettes extraordinaires (3). Une chose toutefois est

---

(1) Archives du Calvados. Collège des Jésuites, I.
(2) Le Père Hamy : *Les Jésuites à Caen*.
(3) La vente des meubles du Collège du Mont, effectuée en 1762. produisit une douzaine de mille livres, mais on ne fit pas-

certaine, c'est que, de 1703 à 1757, les revenus du Collège du Mont passèrent de 10.968 livres à 15.470 livres. Dans l'intervalle, une dette de 12.000 livres, reliquat des dépenses qu'avait entraînées la construction de l'église de la Gloriette, avait été amortie.

Professeurs et élèves. — On a dit que le Collège de Caen avait été pour les Jésuites comme une sorte d'École normale, où se formèrent nombre de ceux qui, au XVIIe et au XVIIIe siècle, illustrèrent la Société dans l'enseignement, les lettres et la prédication. Pour lutter sans désavantage contre les Halley et les Cally, ils s'appliquèrent, en effet, à ne confier les chaires importantes du Collège du Mont qu'à des hommes d'un mérite reconnu, tels que les Pères Delarue, de Jouvency, Sanadon, Brumoy,

ser aux enchères aucun des objets qui pouvaient trouver emploi dans les Collèges de l'Université, et, d'autre part, s'il faut en croire un contemporain, fort mal disposé, il est vrai, pour « les bénits Pères », ceux-ci auraient bénéficié de la complaisance du lieutenant général Du Moustier de Canchy, pour faire disparaître leurs objets les plus précieux : « On n'a pas trouvé chez eux, lors des perquisitions, ajoute-t-il, les pièces les plus importantes, et notamment les registres du commerce qu'ils faisaient avec l'Hôpital général. On a trouvé seulement, par hasard, dans la chambre du recteur, les étiquettes et factures de serge de Rouen, de voile fin, de drap noir très beau, et les factures de livres pour les écoliers, les particuliers, les communautés de filles, etc. On n'a pas trouvé de fonds, à l'exception de 10.000 écus dans la chambre du supérieur. Cependant, les soi-disant Jésuites étaient sur le point de faire bâtir une maison qui devait leur coûter 100.000 livres ». Bibl. municipale, ms. Jésuites.

Porée. On y vit aussi des prédicateurs ou directeurs de conscience éminents, comme les Pères de Lingendes et de Castillon, qui furent l'un et l'autre directeurs de la province de France et de la maison professe de Paris. Le Père de Lingendes, au cours de sa longue carrière d'orateur sacré, parut dans presque toutes les grandes églises du royaume. Un autre missionnaire de la Société, le Père Chaurand, à défaut de talents aussi brillants, mérita la reconnaissance publique par son dévouement infatigable au service des pauvres, des malades et des prisonniers (1).

La Compagnie de Jésus, sans doute en vue d'empêcher que ses membres ne formassent à la longue des relations trop étroites dans les pays où ils étaient placés, renouvelait fréquemment le personnel de ses Collèges. Les recteurs s'y succédaient en moyenne tous les 3 ans : c'est à peine si l'on en vit conserver plus de 4 ans leurs fonctions au Collège du Mont, et l'on n'en cite qu'un seul, le Père Clouet, dont l'administration dura 7 années, de

---

(1) Ce fut le Père Chaurand qui fonda la grande maison de refuge désignée sous le nom d'Hôpital Saint-Louis. Les règlements qu'il établit dans cette maison, comme dans les autres du même genre qu'il avait organisées dans différentes villes, respectaient la liberté des indigents secourus : ceux-ci, après avoir profité de l'asile temporaire qui leur était offert au prix d'un travail en rapport avec leurs aptitudes, se trouvaient en mesure de reprendre leur place dans la vie sociale. Il en coûte d'ajouter que la chapelle de l'Hôpital Saint-Louis fut édifiée avec les matériaux mêmes du temple protestant de la rue de Bayeux, démoli à la suite de la révocation de l'édit de Nantes.

1720 à 1727, de sorte que, dans une période de 154 ans, de 1608 à 1762, le Collège n'eut pas moins de 47 recteurs. Le séjour des autres membres de la Compagnie était sensiblement plus long : le Père Hamy en compte, pour la même période, 320, tant profès des quatre vœux que frères coadjuteurs spirituels ou temporels, et scolastiques, c'est-à-dire professeurs ou étudiants. A raison de 20 à 24 membres de la Société résidant ensemble dans l'établissement, c'était, on le voit, une moyenne d'une dizaine d'années de séjour pour chacun d'entre eux. Certains ne firent que passer à Caen ; par une exception tout à fait unique, le Père André y séjourna 38 ans.

L'éducation chez les Jésuites, selon l'expression de M. Compayré, était combinée surtout pour former des gentilshommes aimables (1). La noblesse et la riche bourgeoisie constituèrent donc, à Caen comme partout, le meilleur de leur clientèle, et leur exemple entraîna tous ceux que tentaient les avantages d'une discipline régulière sans brutalité, religieuse sans austérité, ou seulement les chances de belles relations résultant d'une communauté de vie avec les enfants des plus grandes familles. Le Collège du Mont, qui comptait déjà 800 élèves au commencement du XVIIe siècle, en avait 932 en 1692, et, selon certains témoignages, jusqu'à 1.500 dans les dernières années du siècle. Les écoliers de troisième étaient alors si nombreux, qu'on ne pou-

(1) Compayré : *Histoire des doctrines de l'éducation*, I.

vait circuler dans la classe et que le régent était forcé d'enjamber les bancs pour se rendre à sa chaire (1).

Daniel Huet, né à Caen en 1630, fut un des plus brillants élèves sortis du Collège du Mont; choisi par Bossuet pour être précepteur du Grand Dauphin, ce fut lui qui présida à la confection de la fameuse édition de classiques « ad usum Delphini ». Admis à l'Académie française dès 1674 et, 15 ans plus tard, nommé évêque d'Avranches, il se démit de son évêché pour se livrer tout entier à l'étude et finit par se retirer chez les Jésuites de Paris. C'est là qu'il mourut en 1721, laissant la réputation d'un savant universel, chez qui, toutefois, l'érudition fut plus remarquable que le sens critique. Ses principaux ouvrages furent des livres d'apologétique chrétienne, et surtout son *Histoire du commerce et de la navigation* et ses *Origines de la ville de Caen*.

Segrais, de quelques années plus âgé que Huet (il était né en 1625), fut aussi l'un des quarante de l'Académie française. Ses *Églogues* sont d'un art élégant et gracieux. Revenu dans sa ville natale, après avoir été longtemps attaché à la maison de la Grande Mademoiselle, il y exerça les fonctions de premier échevin et mérita la reconnaissance des lettrés par la protection qu'il accorda à l'Académie des belles-lettres fondée en 1652.

Pierre Varignon, bien qu'appartenant à l'Église, n'eut, comme Huet lui-même, d'autre passion que

(1) Bibliothèque municipale. Manuscrit de Quens, p. 232.

la science. Son *Projet d'une nouvelle Mécanique*, publié en 1687, lui ouvrit les portes de l'Académie des sciences. Fontenelle disait n'avoir jamais vu personne ayant plus de conscience, c'est-à-dire qui fût plus appliqué à satisfaire exactement au sentiment intérieur de ses devoirs et se contentât moins des apparences. La *Nouvelle Mécanique ou Statique* de Varignon fut publiée en 1725, trois ans après sa mort.

Charles Porée fut, dit Voltaire, du petit nombre des professeurs qui ont eu de la célébrité parmi les gens du monde : éloquent dans le genre de Sénèque, poète de très bel esprit, dont le plus grand mérite fut de faire aimer les lettres et la vertu à ses disciples. Né à Vendes en 1675, le Père Porée fut appelé, tout jeune encore, à la chaire de rhétorique de Rouen, puis à celle de Louis-le-Grand. A la fois professeur, poète et orateur renommé, il prononça l'éloge funèbre de Louis XIV et composa des poésies latines, des tragédies ou comédies à l'usage des collèges, lesquelles ne sont, au fond, que des leçons de morale présentées sous forme dramatique. Il mourut en 1741.

Son frère, Gabriel Porée, d'une nature moins pacifique, fut successivement membre de l'Oratoire, secrétaire de Fénelon, curé en Auvergne, enfin curé à Louvigny, près Caen ; il fut un des membres les plus actifs de l'Académie des belles-lettres de Caen. Il est l'auteur d'une sorte de poème burlesque, *La Mandarinade*, dont le héros est le fameux abbé de Saint-Martin.

Malfilâtre, né à Caen en 1732, avait donné, étant encore sur les bancs du Collège, des preuves de son talent poétique. Le succès éclatant d'une ode, *Le Soleil fixe au milieu des Planètes*, qui fut couronnée au Palinod de Caen, en 1758, et lui valut les éloges de Marmontel, semblait lui présager un brillant avenir. On sait qu'après d'infructueux essais pour conquérir la gloire littéraire, il mourut découragé en 1767.

Moulins était appelé à une plus brillante fortune. D'abord ingénieur attaché à l'intendance de Paris, il devint, dès le début de la Révolution, officier d'état-major, conquit le grade de général dans les guerres de Vendée, où il était également apprécié pour ses talents militaires et son humanité. Accusé de trahison pour avoir épargné 1.200 prisonniers vendéens arbitrairement détenus par ordre de Carrier, il échappa difficilement à la mort, mais, bientôt après, fut porté au Directoire par la majorité des Conseils, qui venait de renverser Merlin, Treilhard et La Réveillère-Lepeaux. Au 18 brumaire, d'accord avec son collègue Gohier, le général Moulins protesta vainement contre la violation de la Constitution. Rappelé à l'activité en 1807, il mourut trois ans après gouverneur d'Anvers (1).

Les congrégations. — Les congrégations, dans les Collèges des Jésuites, étaient des confréries religieuses où seuls étaient admis les élèves signalés

---

(1) Boisard : *Les hommes illustres du Calvados.*

pour leur piété, la docilité de leur caractère et leur conduite sans reproche. Sous l'autorité d'un Père directeur, auquel étaient adjoints un préfet, deux assistants et un sacristain, chaque congrégation formait une troupe d'élite destinée à exercer une sorte de propagande pour la vertu et la religion. A jour fixe, elle se réunissait dans sa chapelle particulière pour s'y livrer à des exercices de piété et écouter les instructions du directeur. Ses membres s'entretenaient donc mutuellement dans des sentiments de pieuse émulation, et les résultats de l'institution parurent si avantageux que, de bonne heure, elle fut étendue fort au delà de l'enceinte des Collèges. Il y eut des congrégations de prêtres, de magistrats, de militaires. Au Collège du Mont, trois congrégations surtout paraissent avoir joui d'une grande prospérité : celles des Écoliers, des Messieurs (nobles et bourgeois) et des Artisans.

La congrégation des Écoliers, placée sous l'invocation de la Vierge Immaculée, comptait des adhérents dans toute l'Université. Lors des fêtes célébrées pour la canonisation de saint François de Sales, plus de 200 écoliers de rhétorique, de philosophie, de droit et de médecine suivirent la bannière de la congrégation, et l'on remarqua même qu'un certain nombre de jeunes théologiens s'étaient joints à eux, au lieu de prendre place dans les rangs du clergé (1).

La congrégation des Messieurs, en même temps

(1) Laffetay : *Histoire du diocèse de Bayeux*.

qu'elle visait à l'avancement spirituel de ses membres, s'occupait de venir en aide aux artisans, marchands ou autres personnes se trouvant dans le besoin. Elle prêtait sans intérêt, mais sur gages sérieux et après s'être assurée que son aide permettrait à l'emprunteur de continuer son métier ou de le reprendre s'il l'avait abandonné. Elle ne lui remettait en main que des sommes modiques, préférant payer elle-même les fournitures dont il pouvait avoir besoin. Elle donnait aussi des secours en nature, et, à cette intention, possédait un magasin d'où elle tirait les denrées ou les meubles remis en dépôt ou donnés à titre définitif.

La congrégation des Artisans avait aussi des fonds destinés à des avances du même genre. Ses prêts, qui, d'ordinaire, ne dépassaient pas la valeur de 20 livres, étaient remboursables à courte échéance, soit en une fois, soit par paiements échelonnés. La congrégation des Artisans n'exigeait ni gages, ni intérêts, mais, de même que celle des Messieurs, engageait au besoin des poursuites contre les débiteurs négligents : une ordonnance du vicomte de Caen, en date de 1703, prescrit à l'huissier du ressort d'assigner à bref délai, comme chose provisoire, à la requête de Louis Lecoq, préfet de la congrégation des Messieurs, quelques personnes de cette ville de Caen, gens de métier, ouvriers ou autres, auxquels il a été prêté pour des besoins pressants, pour les voir condamner à payer et rendre ce dont chacun se trouve redevable, avec dépens, et pour prévenir l'enlèvement et soustraction de leurs meubles (dernier décembre 1703) (1).

Les Jésuites et la Faculté des Arts. — Entre les Jésuites et l'Université, les relations manquèrent toujours de cordialité. La Faculté des Arts ne pouvait oublier le coup d'autorité de 1608, qui l'avait dépouillée du plus florissant de ses Collèges, et la prospérité inouïe de cet établissement entre les mains des Pères, les agrandissements et embellissements qu'il reçut au cours du XVIIe siècle, la faveur croissante qu'il rencontrait dans la noblesse et la haute bourgeoisie, formaient un pénible contraste avec la pauvreté des Collèges universitaires et la diminution de leur clientèle. D'ailleurs, la Société de Jésus, par d'incessants empiètements, semblait prendre à tâche de raviver les anciennes blessures. La création d'une chaire de théologie morale au Collège du Mont, en 1664, était une menace à peine dissimulée à l'adresse de la Faculté de théologie ; celle d'une chaire de mathématiques et d'astronomie constituait une usurpation pure et simple, car la nouvelle chaire n'était, sous un autre nom, que la chaire de mathématiques enlevée à l'Université. A cette rivalité d'intérêts s'ajoutait d'ailleurs une opposition de doctrines en matière religieuse. En général, l'Université inclinait vers les doctrines jansénistes et, au témoignage de l'abbé De La Rue, longtemps avant que Pascal eût écrit

(1) Bibliothèque municipale, ms. 131.

sa 12ᵉ lettre provinciale contre le Jésuite Erad Bile, professeur de théologie morale à Caen, les principes schismatiques et la morale antichrétienne de ce Père y avaient été formellement condamnés.

Dans cette lutte, tantôt ouverte et tantôt dissimulée, qui devait se prolonger jusqu'à la destruction de la Société de Jésus, celle-ci eut presque constamment l'avantage : au XVIIᵉ et même au XVIIIᵉ siècle, elle avait, en effet, l'appui de la Cour comme celui de l'autorité diocésaine et des familles les plus influentes. Intendants et évêques s'appliquaient à mériter ses bonnes grâces. François de Nesmond surtout, qui occupa le siège épiscopal de Bayeux pendant plus d'un demi-siècle, en même temps qu'il prodiguait aux Jésuites les égards et les témoignages les plus flatteurs d'estime et de sympathie, traitait l'Université avec un injurieux dédain. On a vu ailleurs quelle fut son attitude en diverses circonstances solennelles; ses successeurs, bien qu'avec des formes plus douces, se montrèrent animés des mêmes dispositions. Un seul fit exception: Armand de Lorraine, évêque de 1718 à 1728, adversaire déclaré de la bulle *Unigenitus,* et, à ce titre, en butte aux accusations dont les défenseurs attitrés de l'orthodoxie romaine poursuivaient « les fauteurs de la nouvelle hérésie ». En 1720, sous le titre de *Dénonciation à Son Altesse Mgr l'Évêque de Bayeux,* parut un pamphlet anonyme où étaient pris à partie, avec une rare violence, le professeur de philosophie du Collège du Bois Louis Jourdan et d'autres membres de l'Université accusés de professer les erreurs de Jansénius. Jourdan y était qualifié d'ignorant sans esprit, de misérable plagiaire, qui surpasse Luther lui-même, plus voisin de l'athéisme que de la pure doctrine catholique. Le recteur Buffard, les docteurs en théologie Malouin, Épidorge et autres étaient également voués au mépris public. Le libelle fut condamné par l'évêque ainsi que par le Parlement de Rouen, qui en ordonna la suppression et prescrivit des poursuites contre l'auteur. Ce dernier, le Père de Gennes, professeur de philosophie au Collège du Mont, loin de se laisser intimider, redoubla de violence contre « le criminel » et sa cabale. Ce second mémoire ayant été cité devant l'Official, il fit défaut, et, en dépit des condamnations prononcées contre lui par le Parlement comme par le tribunal ecclésiastique, la polémique continua, également acharnée de part et d'autre, jusqu'à la mort d'Armand de Lorraine.

C'est au cours de cette querelle que se place un incident qui ne pouvait manquer d'envenimer encore les passions déjà si excitées, la représentation de l'*Antiquarius* au Collège du Mont.

L' « Antiquarius ». — Cette farce, qui fut jouée devant un public nombreux, le 30 décembre 1720, mettait en scène quelques-uns des philosophes les plus fameux de l'Antiquité, représentés comme des hypocrites, cachant sous une conduite réglée une débauche secrète: « Curios simulant et Bacchanalia vivunt », disait le programme. Sous ces traits à la fois grotesques et odieux, c'étaient visiblement les membres de l'Université qu'on livrait à la risée publique, et la malignité des spectateurs ne s'y trompa pas un moment. D'ailleurs, pour rendre l'allusion plus manifeste, un des jeunes acteurs parut sur la scène revêtu du petit manteau et du collet de fourrure, qui étaient les insignes des docteurs en théologie, coiffé d'une espèce de mitre rappelant celle des évêques. Il se déclarait docteur de la très célèbre Université de Caen, capable, comme un autre, de donner le bonnet, ce qui était le propre de l'évêque de Bayeux, chancelier de l'Université. On remarqua même, au dire du recteur Hallot, que, pour égayer la farce et rendre l'outrage plus sensible, les auteurs de la pièce avaient affecté de faire tenir ce rôle insolent au fils de M. Pyron, doyen et professeur ès droits, et neveu d'un docteur en théologie.

L'Université, mise au courant de ce qui s'était passé, manifesta, comme de juste, la plus vive indignation. Le recteur et le préfet des études, ainsi que les professeurs de philosophie et de rhétorique du Collège du Mont, furent invités à comparaître devant le recteur Hallot pour fournir l'explication de leur conduite, et une commission fut chargée de faire un rapport à l'assemblée générale sur les incidents de la représentation du 30 décembre. Mais les Pères affectaient de voir dans la citation qui leur était adressée une provocation et une injure gratuites : ils s'abstinrent de s'y rendre. De son côté, l'Université ne pouvait permettre que son autorité fût ainsi méconnue et tournée en dérision. Par sa conclusion en date du 16 janvier 1721, elle déclara les Jésuites déchus et privés des droits et privilèges de l'agrégation, qui leur avaient été concédés en 1608.

La Société de Jésus ne paraît pas s'être émue outre mesure de cette espèce d'excommunication. Elle comptait, dans l'entourage même du Régent, de puissants protecteurs et, en effet, quelques mois plus tard, l'Université se voyait contrainte, par ordre de la Cour, de rapporter son arrêté d'exclusion. Après une démarche du procureur et du professeur de rhétorique, qui vinrent protester devant l'assemblée générale de la pureté des intentions de la Compagnie, le Collège du Mont fut remis en possession de ses droits et privilèges (12 décembre 1721).

Ce n'était pas une telle réconciliation, imposée par voie d'autorité, qui pouvait apaiser les vieux ressentiments de l'Université. Celle-ci, lors même qu'elle eût retiré son appel au concile et fait acte d'adhésion à la bulle *Unigenitus,* n'en conservait pas moins à l'égard des Jésuites les mêmes sentiments de défiance et d'antipathie. En 1723, à l'imitation de l'Université de Paris, elle avait donné adjonction à celle de Reims contre les Jésuites de cette ville, qui prétendaient obtenir pour leur Collège le privilège de l'agrégation, et des commissaires désignés par elle pour suivre l'instance devant le Parlement de Paris la tenaient au courant des péripéties de l'affaire. Celle-ci s'étant terminée, en 1734, par le triomphe des Universités, elle en manifesta une grande joie et, en vue de perpétuer le souvenir d'une si glorieuse victoire, l'un de ses commissaires, Maheult de Sainte-Croix, principal du Collège du Bois, offrit à ses collègues un exemplaire, luxueusement relié, des Conclusions de l'Université de Paris (1).

Les justes ressentiments de l'Université contre les Jésuites n'attendaient qu'une occasion pour se faire jour. En 1762, la découverte d'une fraude commise par ses rivaux sembla lui fournir cette occasion dès longtemps attendue. Le recteur avait, en effet, trouvé dans son courrier une pièce qui y avait été placée par mégarde et qui était, en réalité, destinée au recteur du Collège du Mont. C'étaient des lettres de maître ès arts délivrées au nom d'un écolier du Collège du Mont par la Faculté des Arts de l'Université de Bourges : on sait que cette Université était entre les mains de la Compagnie de Jésus. Or, cet écolier, à la date même où il était censé avoir subi à Bourges les épreuves de la maîtrise, prenait une inscription à la Faculté de Médecine de Caen. La lettre et l'attestation de notoriété qui y était jointe étaient donc entachées de fraude, et on pouvait y voir une confirmation des soupçons depuis longtemps répandus dans le public relativement à des certificats

---

(1) V. Bibliothèque municipale, ms. in-fol. 150. Le manuscrit offert par Maheult de Sainte-Croix donne aussi le texte des Conclusions adoptées par l'Université dans l'affaire de l'*Antiquarius*.

de complaisance délivrés par les Pères à leurs écoliers. Aussi l'Université s'empressa-t-elle de décider que l'affaire serait portée devant le Parlement de Paris, seul compétent pour arrêter les abus notoires de la Faculté des Arts de Bourges, et qu'il serait écrit aux diverses Universités du royaume pour obtenir leur appui et extirper un mal si dangereux (février 1762).

A cette époque, le Parlement de Paris, à l'occasion du procès du Père La Valette, et, à sa suite, tous les Parlements du royaume avaient entrepris l'examen des constitutions de la Société de Jésus. Le Parlement de Rouen, qui, dans ses remontrances du 7 août 1757, avait dénoncé les Jésuites comme les adversaires acharnés de la magistrature, devança tous les autres par son arrêt de condamnation du 12 février 1762. Flétrissant les vœux des Jésuites comme « le serment impie d'une secte impie », il ordonnait que leurs constitutions fussent lacérées et prononçait la suppression de leurs Collèges.

La plainte de l'Université de Caen survenant dans de telles circonstances n'avait plus d'objet. Le procureur général, tout en déclarant que les abus signalés étaient des plus blâmables, informa l'Université que les poursuites commencées contre les Jésuites ne pouvaient être poursuivies. Il l'engageait toutefois à veiller à tout ce qui pourrait les constater et à lui en donner avis (15 mars 1762)(1). L'Université avait d'ailleurs pleine satisfaction :

(1) Archives du Calvados. D. Conclusion du général.

le 1ᵉʳ juillet 1762, en vertu d'un arrêt en date du 21 juin, les Jésuites quittaient définitivement le Collège du Mont (1).

Le Collège du Mont après son retour à l'Université.

Godard, principal (1762). — L'arrêt du Parlement en date du 8 juillet 1762 portait que le principal du Collège du Mont serait nommé en conformité des dispositions de l'arrêt de 1592, et désignait un membre de la Cour, l'abbé Lechevalier, pour procéder à cette nomination, de concert avec les représentants de la Ville et de l'Université. Le sieur Godard, professeur royal d'éloquence et professeur de rhétorique au Collège du Bois, ayant été élu, ce choix fut confirmé par un nouvel arrêt du 2 mars

---

(1) Le dernier recteur du Collège fut le Père Plesse, qui se retira auprès de l'évêque de Lisieux. Ses principaux auxiliaires, au moment de la séparation, étaient les Pères Guérin, ministre, c'est-à-dire suppléant du recteur; Mauduit, Père spirituel; Sancquier, économe, et Launoy, préfet des études. Le plus connu des hôtes du Collège était le Père André, ancien professeur de philosophie et de mathématiques. On sait que le Père André, qui résidait à Caen depuis 1726, avait été persécuté par ses supérieurs pour ses doctrines philosophiques, et même quelque temps enfermé à la Bastille. Il n'avait cessé d'enseigner les mathématiques qu'en 1759, à l'âge de quatre-vingt-quatre ans. Il devait mourir en 1764, chez les chanoines de l'Hôtel-Dieu.

Voir, sur le Père André, les études de V. Cousin, Charma et Mancel et les manuscrits de Quens (Bibliothèque municipale, in-fol.).

1763, qui reconnaissait au nouveau principal tous les droits et prérogatives appartenant aux principaux des autres collèges.

Cependant rien n'avait encore été réglé quant à l'organisation définitive du Collège du Mont, et le Parlement, pas plus que le gouvernement royal, ne s'était prononcé sur les prétentions respectives de la Ville et de l'Université relativement à la propriété de l'établissement. L'Université voyait, dans l'ouverture de la succession des Jésuites, une occasion aussi légitime qu'inespérée de rentrer en possession d'un collège qui lui avait été enlevé par un coup de force, et de procurer aux établissements de la Faculté des Arts, si longtemps éclipsés par celui des Jésuites, les ressources financières qui leur avaient toujours fait défaut. La Ville s'appuyait sur certains titres trouvés dans les archives de la Société, mais dont l'authenticité semblait contestable, pour soutenir ses prétentions. Ni l'une ni l'autre ne s'entendaient d'ailleurs sur la constitution à donner au Collège du Mont : certains membres de la Faculté des Arts allaient jusqu'à en désirer la suppression, estimant que les deux collèges déjà existants dans l'Université devaient suffire, du moment où ils jouiraient, grâce aux revenus des Jésuites, d'une dotation convenable.

De telles questions ne pouvaient être résolues à la légère. A titre provisoire, le Parlement ordonna d'abord que les humanités seraient supprimées au Collège du Mont et que seules y seraient maintenues les chaires de théologie, de philosophie et de mathématiques, enseignements qui n'existaient pas ou n'étaient pas suffisamment représentés dans les autres collèges de l'Université; mais, dès le 8 mars 1763, un nouvel arrêt, tout en confirmant l'élection de Godard comme principal du Collège du Mont, décida que cet établissement, avec tous les biens en dépendant ayant appartenu aux Jésuites, serait réuni à l'Université et que le mobilier serait vendu à l'encan, à l'exception de ce qui serait nécessaire pour le Collège du Mont. Le plein exercice était rétabli dans ce Collège, et le principal y était investi du droit de nommer les professeurs des classes actuellement vacantes ou qui le deviendraient par la suite. L'église devait servir à l'Université pour ses cérémonies publiques et particulières.

Difficultés suscitées par les Jésuites et leurs partisans. — Les Jésuites ne se résignèrent pas tout d'abord à s'avouer vaincus. Après leur sortie du Collège du Mont, beaucoup d'entre eux restèrent dans la ville, où ils jouissaient d'une influence immense, et, au témoignage de Floquet, dans son *Histoire du Parlement de Rouen,* s'y donnaient beaucoup de mouvement. Ils comptaient de nombreux et zélés partisans parmi les personnages les plus en vue de la région, depuis l'évêque de Bayeux, Rochechouart, et son secrétaire général, l'ancien Jésuite Dumont, qui exerçait sur son esprit une influence prépondérante, jusqu'au lieutenant général Du Moustier de Canchy et au maire de Mondrainville. Les curés des paroisses étaient à leur dévotion, aussi bien que Mme de Belzunce, abbesse de la Trinité, et la présidente d'Hiberville, qui, au dire d'un contemporain, en avait tous les jours quatre ou cinq à sa table. Encore après la saisie de leurs biens, s'il faut en croire le même témoin, leur recteur donnait au sieur de Canchy un splendide repas dans sa maison de campagne de Lébisey. Le lieutenant général n'avait-il pas désigné comme séquestre le Père Sancquier, procureur du Collège du Mont, et pour économe-séquestre un sieur Dudouet, ancien fermier de la Compagnie, de sorte qu'on n'avait pas à craindre dans la maison de surveillance incommode. Le monde élégant se pressait à leurs sermons et, dans les couvents, on faisait des neuvaines pour le rétablissement de la Société (1).

De son côté, la Faculté de Théologie, dès longtemps acquise aux intérêts des Jésuites, s'empressait d'accueillir les accusations portées par certains écoliers contre l'enseignement de Lévêque, le nouveau professeur de philosophie du Collège du Mont. La morale telle que l'enseignait ce professeur aurait été un chef-d'œuvre d'hérésie, renfermant une doctrine dangereuse pour la religion de l'État. C'était d'ailleurs une calomnie, ainsi qu'il fut établi par la commission chargée d'examiner les cours dictés par Lévêque, mais les théologiens n'en persistaient pas moins à censurer des propositions extraites, à ce qu'on disait, des cahiers du professeur;

(1) Bibliothèque municipale, ms. Jésuites de Caen.

et il fallut que le Parlement sommât les accusateurs de venir devant lui apporter leurs explications, leur interdisant jusque-là toute participation aux actes de la Faculté. Des années se passèrent avant que les passions soulevées fussent calmées. En 1767 encore, elles faillirent provoquer un schisme dans l'Université : deux recteurs furent élus en même temps par les factions opposées, et il fallut une nouvelle intervention du Parlement pour rétablir la paix.

Administration de l'abbé Godard (1762-1778). — L'abbé Godard, en devenant principal du Collège du Mont, ne s'était pas démis de ses fonctions de professeur royal, non plus que de son canonicat près la collégiale du Saint-Sépulcre. Cependant, il n'était plus jeune, et certains documents autorisent à croire qu'entre ses mains la direction du Collège fut quelque peu flottante. Au cours d'une visite du recteur Villiers, à la date du 28 juin 1777, il fut constaté que 40 élèves de philosophie seulement étaient présents sur un effectif de 140 dont se composait la classe, et que 19 de la classe de rhétorique prenaient aussi des vacances anticipées. Or, cette désertion des grands élèves, si elle n'était pas spéciale au Collège du Mont, y était beaucoup plus marquée que dans les autres collèges, et, à ce qu'il semble, accusait chez le principal un défaut de surveillance. Au reste, de son propre aveu, les locaux du Collège étaient alors dans un état fâcheux de délabrement. Dans certaines pièces, les pavés étaient cassés ou enfoncés, les vitrages détruits. Les livres provenant de l'ancienne bibliothèque des Jésuites restaient à l'abandon et, comme aucun catalogue n'en avait été dressé, beaucoup avaient disparu sans laisser de traces. Les « cloaques », tant ceux d'en haut que ceux d'en bas, n'avaient plus de sièges ni de portes, etc.

Les réparations locatives étaient à la charge du principal. Or, une commission d'enquête, nommée par l'Université, estimait que sa surveillance avait été insuffisante. Godard évita d'être mis en cause moyennant le versement d'une somme de 1.200 francs, représentant sa part dans les réparations reconnues nécessaires.

Le fait le plus saillant qui se rapporte à l'administration de l'abbé Godard fut la création d'un pensionnat au Collège du Mont. On sait à quelles tentations étaient exposés, dans une ville d'Université, les jeunes écoliers dont les familles étaient domiciliées au dehors, combien insuffisante était la surveillance exercée par certains logeurs, et quels désordres en pouvaient résulter. L'opinion publique, dans la ville comme dans l'Université, réclamait depuis longtemps l'établissement d'un pensionnat. Les tentatives faites au Collège des Arts n'avaient qu'à moitié réussi, mais le Collège du Mont, par son heureuse situation à l'une des extrémités de la ville, la bonne disposition de ses bâtiments, l'étendue de ses cours et de ses jardins, présentait des conditions autrement favorables. Un prospectus à la date de 1777, qui nous est parvenu, nous fait connaître que l'internat qui y avait été établi était placé sous la direction du sieur Philippe, sous-principal. Les enfants y étaient admis dès l'âge de six ans et y trouvaient tous les soins que pouvaient réclamer leur santé, comme leur instruction et leur éducation. La plus grande attention était apportée à la religion, aux mœurs, aux études et à tout ce qui peut former le cœur et l'esprit des jeunes gens. Quant au prix de la pension, il était de 400 livres pour l'année scolaire, sans compter 12 livres de vin pour les professeurs et les domestiques en entrant, ni les droits de MM. les professeurs. Le prospectus ajoutait que, pour épargner aux familles éloignées mille petits soins, le sieur Philippe, au moyen de 60 livres qu'on lui paierait chaque année, se chargerait de faire blanchir et raccommoder le linge, les bas et habits, d'entretenir les écoliers de papier, encre et plumes, et de les faire accommoder tous les jours par le perruquier (1).

Bellenger, principal (1778-1791). — L'abbé Godard ayant donné sa démission, ce fut Thomas Bellenger qui fut choisi comme principal par les représentants de la Ville et de l'Université. L'abbé Bellenger, professeur de rhétorique au Collège du Bois, était l'un des maîtres les plus réputés de l'Université. Élu recteur à vingt-huit ans, et une seconde fois cinq ans plus tard, ce qui était alors très rare,

(1) Bibliothèque municipale. Brochures normandes. Ancienne Université. II.

il renonça à sa chaire de rhétorique afin de se consacrer tout entier à la direction du Collège du Mont. Quelques mois lui suffirent d'ailleurs pour faire apprécier des familles sa vigilance et son activité, la douceur, et, en même temps, la fermeté d'une direction toute paternelle. L'effectif du pensionnat, qui n'était que de 18 élèves la première année, fut doublé dès la seconde; il ne dépassa guère ce chiffre. Sans doute le principal aurait craint d'affaiblir son action personnelle sur les enfants qui lui étaient confiés s'il l'avait dispersée sur un trop grand nombre, car, outre la direction morale et l'enseignement religieux qu'il se réservait, il était aussi pour ses pensionnaires un répétiteur plein de zèle. Dès qu'un événement intéressant le Collège ou la Ville se produisait, il engageait les maîtres et les élèves à le célébrer en vers, et lui-même donnait l'exemple, comme l'attestent les odes alcaïques qu'il composa sur l'arrivée de l'intendant Feydeau de Brou, en 1784, et sur le passage de Louis XVI, allant visiter les travaux du port de Cherbourg, en 1786. Il partageait les amusements de ses élèves, se mêlait à leurs jeux, récompensant d'un mot flatteur le zèle des uns et corrigeant d'un trait ironique la négligence ou la paresse des autres (1).

Les écoliers de rhétorique et de philosophie travaillaient isolément dans leurs chambres; les autres

---

(1) De Baudre: *Éloge de l'abbé Bellenger* (Bibliothèque municipale, Biographies normandes).

étaient placés sous la surveillance d'un maître choisi avec soin. Enfin, le prix de la pension n'était plus que de 360 livres, auxquelles s'ajoutaient seulement 12 livres pour MM. les professeurs et pour les domestiques (1).

Lettres patentes de 1783 et édit-règlement de 1786. — Le Collège du Mont, avec «tous les biens et revenus qui y avaient été annexés et possédés par les ci-devant Jésuites», fut définitivement réuni à l'Université par les lettres patentes de novembre 1783 : dès lors, les divers services, et spécialement la Faculté des Arts, allaient être pourvus des ressources qui leur faisaient défaut depuis si longtemps. Toutefois, l'effet de la libéralité royale ne pouvait être immédiat. Les biens du Collège du Mont, ayant été affectés à la subsistance des anciens membres de la Compagnie, ne devaient être disponibles que dans un avenir plus ou moins rapproché. Après de longues négociations, poursuivies avec autant d'habileté que de persévérance par Coquille-Deslonchamps, délégué de l'Université, celle-ci eut enfin la joie de voir réaliser ses vœux. L'édit-règlement donné à Versailles en août 1786, en attendant que l'Université pût être mise en possession des revenus non encore disponibles, créait à son profit une rente de 18.000 livres sur les économats et, par ses autres dispositions, réorganisait

(1) Bibliothèque municipale. Brochures normandes. Ancienne Université, 11.

sur un plan très libéral les chaires de la Faculté des Arts. Le Collège du Mont lui-même s'enrichissait de trois chaires nouvelles, savoir : une seconde chaire de philosophie, une d'histoire et une de sixième, et ses régents, comme le principal lui-même, étaient pourvus de traitements fixes ; enfin, l'éméritat, plus largement constitué, devait mettre leur vieillesse à l'abri du besoin.

Difficultés intérieures. — Malheureusement pour l'Université de Caen, cette fortune venait trop tard, et il ne lui fut pas donné d'en jouir. Le gouvernement de Louis XVI se débattait alors dans des difficultés financières d'où allait sortir la Révolution, et la rente sur les économats ne fut pas exactement payée. Aussi l'enthousiasme manifesté d'abord par la Faculté des Arts fit-il bientôt place à la déception et aux regrets, et ces sentiments, si légitime qu'en fût l'origine, donnèrent lieu à de fâcheuses manifestations. On reprochait ouvertement au recteur Chibourg et au syndic général Coquille-Deslonchamps d'avoir leurré l'Université d'avantages illusoires et contribué dans des vues d'intérêt personnel à dépouiller la Faculté des Arts du collège qui était sa propriété. L'élection de Tyrard-Deslongchamps, professeur de rhétorique au Collège du Mont, en qualité de recteur, celle de Gervais de la Rue, professeur d'histoire au Collège du Bois, en qualité de doyen, prirent le caractère d'une protestation.

Au cours des années qui suivirent, bien d'autres

incidents témoignèrent encore de la persistance de ce mauvais vouloir de la Faculté des Arts à l'égard du syndic général et du tribunal du recteur. Or, ces querelles intestines étaient d'autant plus regrettables que les progrès de l'indiscipline chez les élèves et les progrès de la Révolution à Paris rendaient chaque jour plus critique la situation de l'Université. En 1789, la distribution des prix des collèges devenait l'occasion de manifestations tumultueuses, et le trouble prit un tel caractère qu'il fallut lever la séance. Les perturbateurs protestaient contre de prétendues injustices commises dans la répartition des récompenses entre les élèves de rhétorique. L'année suivante, ils émirent la prétention de déposer sur l'autel de la Patrie la somme consacrée d'ordinaire à l'organisation de la cérémonie : l'Université ayant décidé de procéder à la distribution dans les formes habituelles, aucun élève ne se présenta pour prendre part aux épreuves du concours. Quelques mois plus tard, en février 1791, à l'occasion de menaces et de tentatives de voies de fait contre un professeur du Collège du Mont, le tribunal du recteur se voyait dans la nécessité d'adopter des mesures spéciales. L'arrêté pris contre les attroupements séditieux des écoliers fut affiché, avec le concours de la Municipalité, dans les différents quartiers de la ville.

Plus inquiétantes encore étaient les conséquences des décrets de l'Assemblée Constituante. L'abolition des dîmes et des revenus en tenant lieu, décrétée à la suite de la nuit du 4 août, constituait une menace des plus sérieuses contre la fortune et peut-être même l'existence de l'Université. La situation fut encore aggravée par le décret du 2 novembre 1789, mettant à la disposition de la nation les biens du clergé : en dépit d'un nouveau décret rendu quelques jours plus tard, qui ajournait la vente des établissements destinés à l'instruction publique, les municipalités comme les professeurs étaient en effet invités à faire la déclaration des revenus qu'ils possédaient et qui étaient considérés comme biens nationaux. Enfin, l'obligation du serment constitutionnel, d'abord imposée aux seuls évêques et curés, était étendue à tous les fonctionnaires de l'enseignement public, laïques ou ecclésiastiques. Elle allait devenir l'occasion de la ruine de l'Université (juin 1790).

Caen. — Impr. H. Delesques, rue Demolombe, 31.

www.ingramcontent.com/pod-product-compliance
Lightning Source LLC
LaVergne TN
LVHW021000090426
835512LV00009B/1975